滄海叢刊

白馬湖畔話弘一

陳 星 著

東大圖書公司

自 序

　　白馬湖位於浙江省上虞市，距城區五公里。早在二十世紀二十年代，鐵路線就已經從湖邊經過。那時，在杭州至寧波的鐵路線上有一個驛亭站，從那裡下車，行不多遠，碧水潋灩、景隨時移的白馬湖即現眼前。

　　至於白馬湖其名的來歷，一般以為有三說。一說據《水經注》：該湖創始時，塘堤屢坍，民以白馬祭之，故名白馬潭；另一說出自《上虞縣志》：晉時縣令周鵬舉乘白馬入湖中不出，人以為地仙，故名；還有一說，以為登高俯瞰，在蒸騰的雲霧煙靄中，此湖頗似駕風凌空的白馬。看來其湖名總與白馬有關，傳奇色彩甚濃。

　　白馬湖的美，美就美在它的野趣，美就美在桃花源般的寧靜，它以自己那超凡的秉性，成了千丈紅塵中的清涼世界。

　　誠然，僅有所謂的「清涼世界」般的自然景觀，白馬湖還是不會出名的。

　　白馬湖原是浙江東部上虞的一個普通的小湖，湖名的來歷雖有些許傳奇色彩，但要說它在中國文化史上留下佳話，或具有文化史上的地位，則肯定是現代白馬湖作家群在此間誕生並產生深遠影響後的事。而就在白馬湖作家群誕生、發展的過程中，伴隨著該作家群體和白馬湖的話題，有一位高

僧的出現並在此間留下足跡，　則又是一個必不可少的內容
——事實上，這位高僧在白馬湖的行跡為白馬湖文化充實了
豐富的內涵。這位高僧自然就是弘一大師，一個與白馬湖作
家群關係密切，與白馬湖有著不解之緣，一生魅力無窮的熱
門人物。

　　白馬湖作家群和弘一大師構成了一道超塵脫俗的人文景
觀。毫無疑問，就是這一道人文景觀才使得白馬湖有其被後
人永遠記取的文化價值。

　　這幾年，文化界對白馬湖作家群已有不少關注，有關研
究亦已開展；在弘一大師研究領域，大師在東京、天津、杭
州、上海、泉州等地的行跡都有學者作了必要的研究。本書
所要談論的話題，既非只是白馬湖作家，又非僅限於弘一大
師在白馬湖的行蹤，而是將白馬湖作家與弘一大師、弘一大
師與白馬湖聯繫起來考察，以求達到縱覽弘一大師在白馬湖
的行跡和闡述弘一大師與白馬湖作家交遊的目的。

　　無疑，這是一道魅力無窮的人文風景線。

白馬湖畔話弘一

目　次

報得三春暉

慈母手中線，遊子身上衣。
臨行密密縫，意恐遲遲歸。
誰言寸草心，報得三春暉。

　　無論是白馬湖作家群還是弘一大師，他們與白馬湖有緣，均與白馬湖畔誕生了一所春暉中學有關。春暉中學誕生的大背景自然是風起雲湧的「五四」運動，此不必詳言；而其直接的原因則是杭州的「一師學潮」。

　　1919年「五四」運動後，浙江省立第一師範學校（今杭州高級中學）成了浙江新文化運動的中心。由於校長經亨頤先生的鼓勵和支持，這所杭州的著名學府在接受新思想、新觀念上速度極快，辦學方式也比較開放、民主。在浙一師的教師中，夏丏尊先生無疑是提倡教育改革的先鋒人物。他與剛從日本歸國而來校執教的陳望道，以及劉大白、李次九共同支持新文化運動，革新國語教學，一時被人們稱作學校裡的「四大金剛」，倍受浙江省教育當局的注意。

　　據浙江省立第一師範學校校史記載，「五四」運動後，學生施存統、汪壽華等先後成立了「全國書報販賣部」與「書報販賣團」。他們的宣言是：「……我們承認現在發表新思想的書報，是文化運動的健將，是解放束縛的利器；所以我們要盡我們的力量來傳播它，這就是我們要組織這個書報販賣部的緣故。」是要「鍛鍊心身，改造社會」。另有一些學生成立了第一、第二勞動團，宣傳「勞動神聖」，自覺在學校裡參加各種公益勞動。附屬小學的教師試行「新村制」，新村中的各級幹部皆由民主選舉產生。浙一師的學生先後出版了鉛印八開或十六開的《浙江第一師範校友會十日刊》、《浙江第一師範十日刊》、《浙江第一師範學生自治會刊》、《浙江新潮》、

《錢江評論》等報刊。在這些報刊中，《浙江新潮》的影響最大。它由浙一師學生俞秀松、施存統、傅彬然、周伯棣等十四人與省第一中學學生阮毅成、查猛濟及甲種工業學校學生沈乃熙（夏衍）、汪馥泉、倪維雄等共二十多人組成的「浙江新潮社」負責編輯出版。

　　夏丏尊顯然是這些刊物的積極支持者。他的同事姜丹書在〈夏丏尊先生傳略〉一文中就說：「民國八年冬，學生自治會出刊物，每編竣，須送稿受審於先生。」

　　從當時新文化運動背景下的浙江省立第一師範學校情況看，無論是經亨頤校長，還是夏丏尊等教師，他們是會在這所辛勤耕耘了多年的學校裡留任下去的。然而，一場風波使他們作出了辭職的決定。

　　以往，每年的春秋兩季都是要舉行「祭孔」活動的。往年，浙江省的「祭孔」，省長、教育廳長都會參加，而作為省教育會會長兼浙一師校長的經亨頤則是主要的陪祭人。1919年的秋季，在新文化思想影響下的浙一師，尤其是浙江新潮社的學生首先表示不願再參加「祭孔」。經亨頤支持學生，他不顧社會輿論的指責，藉口到山西省出席全國教育會議，毅然離開了杭州。恰在這段時間，《浙江新潮》於11月7日出版了第二期，刊登了施存統的〈非孝〉一文。文章大意是主張在家庭中用平等的愛來代替不平等的「孝道」。此文一經刊發，再聯繫到浙一師的蔑視「祭孔」，浙江當局以為洪水猛獸將至，這個浙一師「廢孔」在前，「非孝」在後，如此下去，怎麼得

了？於是由省長公署發文至教育廳，命令教育廳查辦。公文說：「查近有《浙江新潮》報紙，所刊論說，類多言不成理，而〈非孝〉一篇，尤於我國國民道德之由來及與國家存在之關係並未加以研究，徒摭拾一二新名詞，肆口妄談，實屬謬妄。查該報通訊處為浙江第一師範黃宗正，以研究國民教育之師範學校，而有此主張蔑棄國民道德之印刷品，真堪駭詫。究竟此項報紙係該校何人主持，現在該校辦理情形如何，合行令仰該廳，於文到三日之內，即行切實查明核辦具復，以憑察奪，毋延切切！」教育廳長在收到公文後不敢怠慢，立即派員到浙一師「查辦」，卻並沒有得到他們所希望的收穫。浙江省當局知道，浙一師的學生之所以敢於「大逆不道」，這後面一定有教師在做後盾。為此，教育廳長將校長經亨頤叫去談話，並指責說：「據本廳周科長查明，貴校教員陳望道、劉大白、夏丏尊、李次九等四人，所選國文講義，全用白話，棄文言而不授，此乃與師範學校教授國文之要旨未盡符合。而此四人，又係不學無術之輩，所選教材，夾雜湊合，未免有思想中毒之弊，長此以往，勢將使全校師生墮入魔障。本廳責成貴校立即將此四人解職，並將學生施存統開除。」

教育廳長原以為校長經亨頤會立即執行他的命令，豈料，經亨頤答覆曰：「我校教師所選文章都是從北京、上海等地公開發行的報刊上選來的，如果使學生讀後會產生『思想中毒』、『墮入魔障』之惡果，政府何以不乾脆取締京滬等地出版之物呢？！且學期中途，如何能隨便解聘！再說，學生未教好，

那是教育者未盡到職責，不能以開除了之，開除學生非為教育之本旨；學生即使言論失當，但沒有犯罪，不能開除。何況，新思潮這樣勃發，新出版物這樣多，其感動的力量，實在大得了不得。要想法子禁止，實在是辦不到的。如果空氣能排得盡，新思潮才能禁止。盼官廳明白這一點。」

經亨頤的一席話，說得教育廳長啞口無言。當局終於明白，必須首先向「領頭羊」開刀。於是他們調轉炮口，決定撤換校長。1920年2月上旬的寒假期間，經亨頤收到省教育廳廳長給他的一封信，信中說：「……本日備具公文，奉台端為視學，尚希屈就……即請駐廳襄助一切，兼便隨時顧問……」。經亨頤接到信後，立即回信說：「頃奉令調任視學，未敢拜命！校事遵即交卸，另文呈報……」。經亨頤的辭職，浙江當局自然高興。1920年2月17日，新任校長金布上任。金布上任以後，為凝聚人心，即宣布：原有教師一律續聘。但他沒有想到，只有兩個人願意受聘。緊接著，學生亦群起挽留經亨頤校長，要求當局收回成命。當局竟調動警察鎮壓，揚言要解散學校。於是，終於引發了一場學潮。經過師生們的據理力爭，再加上各地輿論的聲援，教育當局被迫同意：一、立即撤退駐校軍警；二、立即收回解散學校的命令；三、定期開學，原有教職員復職。

原來，學生們曾提出「留經目的不達一致犧牲」的口號。然而此時的經亨頤已表示堅決不再留任的意願。不久，經亨頤和夏丏尊等「四大金剛」即自動離校，告別了共事多年的

浙江省立第一師範學校。

　　夏丏尊離開浙一師後，應邀先去了長沙，任湖南第一師
範教職。在那裡，他結識了教務主任，曾在「五四」運動中
蜚聲全國的匡互生先生。此為他倆在日後白馬湖的共事奠定
了友誼的基礎。

　　經亨頤和夏丏尊的故鄉都在浙江省上虞。與夏丏尊所不
同的是，經亨頤離開浙一師以後，直接返回了他的故鄉，春
暉中學即是在他的主持籌劃之下創辦起來的。

白馬湖畔的春暉中學。

　　在介紹春暉中學誕生經過之前，有必要再補充介紹一點
關於這位經亨頤先生的生平資料：

　　經亨頤(1877–1938)，字子淵，號石禪，晚號頤淵。1900

年，他因參與通電反對慈禧廢光緒帝，被通緝避居澳門。1903年，他赴日本留學，入東京高等師範學校數學物理科。1925年後，他投身國民革命，歷任國民黨中央執行委員、國民政府常務委員、國民政府教育行政委員會委員、代理中山大學校長、北京高等師範學校教授等職。他的一生很有特點，即早期參與政治，留日歸國至1925年這段時間投身教育；然後又參與政務，晚年再回復教育。

當然，今人在評價經亨頤的時候，主要還是把他視作教育改革的先驅人物。他熱愛教育，在當時來講，他具有一套全新的教育思想體系。「五四」運動後不久，經亨頤就在浙一師試行了四項教學改革：一、學生自治；二、國文改授國語；三、教員專任；四、學科制。由此可見，這位具有改革精神的經亨頤校長對教育是十分執著和投入的。他回到自己的家鄉，決心辦一所全國一流的私立中學。他把這個設想跟熱心桑梓教育且有財力的鄉賢陳春瀾先生磋商，結果獲陳春瀾的贊助，慨捐二十萬元，以十萬元建造校舍，置辦設備；十萬元購買上海閘北水電公司股票，以作學校固定基金。1919年12月2日，校董事會成立，1920年1月，經亨頤被推為校長，負責籌備建校事宜。這新建的學校，就是春暉中學。

春暉中學有一首受人關注的校歌，此歌採用唐代詩人孟郊《遊子吟》的名句：

慈母手中線，遊子身上衣。
臨行密密縫，意恐遲遲歸。
誰言寸草心，報得三春暉。

此歌由豐子愷為之譜曲。詩的原意是歌頌母愛，以陽光撫育小草的比喻，歌頌母愛的偉大。詩的最後兩個字又正好與校名相同，實可謂該校最理想的一首校歌了。學校同人把摯誠、摯愛與人格感化的教育理念統稱為「愛的教育」。

人文薈萃白馬湖

一群志同道合、情趣相投的作家朋友，
借了白馬湖的靈性，
以自己作品的獨特藝術風格和他們的人格魅力，
給人們留下的一種難以忘懷的文化印象。

春暉中學的首屆學生是在1922年9月10日入學的。同年12月2日，春暉中學舉行開學典禮。經亨頤在典禮會上發言：

> 近年來奔走南北，有一種感觸，覺得官立國立的學校，現在實不能算好，但要怎樣才會辦好呢？這條件回答是很難的。我第一希望社會能同情於春暉，第二希望校董能完全負責，第三希望有安心的教員，第四希望有滿意的學生。這四種是學校辦好的條件。官立的學校或不能如此希望，春暉卻可如此希望的。

顯然，經亨頤是因為浙一師的風波，對教育當局感到失望後才發心在白馬湖這個「世外桃源」辦私立學校的。為了不讓外部勢力插手學校事務，他甚至不向當時的軍閥政府立案。為了辦好學校，經亨頤當然不會忘記請回他的同鄉、老同事、老朋友夏丏尊來幫助辦學。而對於夏丏尊來講，上虞既是他的故鄉，而白馬湖又是他理想中的辦學環境。於是，他遂於1921年趕回白馬湖，肩負起春暉中學許多的日常教育教學工作。他對春暉中學的感受，幾乎跟經亨頤一樣。夏丏尊在〈春暉的使命〉一文中就說過：

> 你是一個私立的，不比官立的多窒礙。當現在首都及別省官立學校窮得關門，本省官立中學校有的為了爭競位置、風潮迭起、醜穢得不可向邇的時候，豎了真

正的旗幟，振起純正的教育，不是你所應該做的事嗎？

夏丏尊不愧是文化界德高望重的人物，果然，他很快就召集了一大批一流人物雲集白馬湖。他們當中有匡互生、豐子愷、劉薰宇、朱自清、朱光潛、劉延陵等作家、藝術家和教育家，以這些名流為主將，同時又由於他們的關係而來白馬湖作短期遊訪講學的俞平伯、葉聖陶、劉大白等的「加盟」，一個所謂的「白馬湖作家群」便在無形之中產生了。

「五四」前後所興起的中國新文化運動給現代中國的文學提供了一個全新發展的機遇，而在中國現代文學的早期發展之中，散文創作的成績格外引人注目。朱自清在〈背影〉序言中說：「有種種的樣式，種種的流派，表現著、解釋著人生的各面，遷流曼衍，日新月異。」就在這種種的樣式，種種的流派之中，白馬湖作家群在白馬湖畔異軍突起。這個群體自然不是他們這些當事人自封的。此誠如郁達夫所說：「原來文學上的派別，是事過之後，旁人（文藝批評家們）添加上去的，並不是先有了派，以後大家去參加，當派員、領薪水、作文章，像當職員似的。」「白馬湖作家群」也一樣，它的形成是很自然的，它並沒有一個有形的組織，也沒有樹立任何大旗，當然也沒有什麼明確的文學口號。它完全是一群志同道合、情趣相投的作家朋友，借了白馬湖的靈性，以自己作品的獨特藝術風格和他們的人格魅力給人們留下的一種難以忘懷的文化印象。

　　這群文化人先後都在這裡「築巢」，使這所白馬湖畔的春暉中學與天津的「南開」並有「北有南開，南有春暉」之譽，而他們也在課餘把酒臨風，在月白風清之中寫文作詩繪畫，過著田園牧歌式的文化生活，創作出了眾多令人醉倒的輝煌之作。

恬靜且極具野味的白馬湖。

　　夏丏尊(1886–1946)自然是白馬湖作家中的領袖人物。他生於1886年，浙江上虞崧廈鄉人。十六歲時赴上海東吳大學的前身中西書院學習，十七歲時又入紹興府學堂讀書。1905年，他東渡日本入東京宏文學院，兩年後考入東京高等工業學堂，因未領到官費而於1907年輟學回國。夏丏尊回國後即應浙江官立兩級師範學堂之聘，任日籍教師的通譯助教。兩

白馬湖畔夏丏尊「平屋」大門。

級師範學堂就是浙江省立第一師範學校的前身，他在這所學校裡先後擔任過翻譯、舍監、司訓育及國文、日文教師等職。夏丏尊回到老家上虞協助經亨頤管理春暉中學教務，自然是再樂意不過的事。誠然，夏丏尊到春暉中學首先是來辦教育的，但是由於種種原因，他在春暉中學任教的時間並不很長，倒是因為他的召集，當時國內一批實力派作家紛紛雲集於此地，形成了後來被文學史家稱之為「白馬湖作家群」的文學群體，而他自己也以一篇〈白馬湖之冬〉，成了作家白馬湖派的代表作品。他在這篇散文中寫道：「我在那時所日常領略的冬的情味，幾乎都從風來。白馬湖的所以多風，可以說有著地理上的原因。那裡環湖都是山，而北首卻有一個半里闊的

空隙，好似故意張了袋口歡迎風來的樣子。」夏丏尊是在寫白馬湖自然的冬、自然的風，但正好可讓我們挪用作比。我們可將「冬的情味」比作白馬湖的情味；把風比作他的那些同道，而這些同道的到來，恰是他「張了袋口」歡迎來的。

　　豐子愷(1898–1975)是浙江崇德（今桐鄉）人。他於1914年秋入浙江省立第一師範學校讀書，是夏丏尊的學生。據豐子愷自己表白，他的練習作文章是在夏丏尊先生鼓勵和直接指導下才入門的。1919年豐子愷從浙一師畢業，在做了短期的藝術教師後去了日本遊學十個月。1921年冬回國後不久，他應夏丏尊先生的邀請來到白馬湖。在這裡，他不僅邁出了作為漫畫家的第一步，而且也成了白馬湖作家群中的一員大將。他對白馬湖的感情可在他的〈山水間的生活〉一文中得到體現：「我往往覺得山水間的生活，更為需要不便而菜根更香、豆腐更肥。因為寂寞而鄉人更親。」這裡的「鄉人」當然就是白馬湖作家群中的同道們了。

　　朱自清(1898–1946)，江蘇東海人，因在揚州長大，故自稱揚州人。朱自清1920年畢業於北京大學哲學系。同年秋赴杭州任教於浙江省立第一師範學校。次年，朱自清赴揚州任江蘇省立第八中學教務主任，不久因與校方意見不合而辭職。辭職後，朱自清在吳淞中國公學擔任教員，並結識了葉聖陶、鄭振鐸等白馬湖派作家的外圍人物，且彼此感情彌篤。此後，朱自清曾一度復歸浙江省立第一師範學校，又於1922年秋至浙江臺州六師任教。1923年春，他到了浙江溫州的浙江省立

白馬湖畔豐子愷的「小楊柳屋」。

第十中學任國文教師。1924年春赴浙江寧波任教於浙江省立
第四中學，而後就到了白馬湖成了夏丏尊、豐子愷的同事。
作為白馬湖作家的代表人物之一，他在散文中為白馬湖留下
了「湖在山的趾邊，山在湖的唇邊；他倆這樣親密，湖將山
全吞下去了」這樣的文句。

　　俞平伯(1900-1990)，浙江德清人，他從小在蘇州長大。
1911年赴上海學英文、數學，1915年考入北京大學文學部。
他是中國「五四」之前就從事新詩寫作的作者之一。1920年
至1922年他先後赴英國、美國學習或考察教育。1923年秋，
俞平伯在上海大學任教。俞平伯與朱自清交好，兩人多次合
作從事文學活動，出版文學書籍。他並未長期在白馬湖春暉

中學任教，但是由於朱自清的關係，他到過白馬湖考察和演講，此後又與白馬湖作家關係密切。因此，人們亦將俞平伯視為白馬湖派的代表作家之一。他為白馬湖畔的春暉中學也留下了許多文字，其中在其日記中寫道：「春暉校址殊佳，四山擁翠，曲水環之……校舍不砌垣牆，而亦無盜賊，大有盛世之風。」

「走向春暉，有一條狹狹煤屑路。……我右手是個小湖，左手是個大湖……」（朱自清〈春暉的一月〉）；如今下了驛亭火車站，走向春暉的已不是煤屑路，而是水泥路了。

除了前面提到的諸位作家外，因為白馬湖的魅力而來到春暉中學的文化人還有匡互生、朱光潛、劉薰宇、劉叔琴、劉大白等，加上葉聖陶、鄭振鐸等，這一派作家的實力可謂

十分強大，影響也十分深遠。朱光潛於1922年夏畢業於香港
大學，曾在上海吳淞中國公學任英文教師，同時還在上海大
學兼課。1924年，他被夏丏尊邀請至白馬湖。朱光潛與朱自
清是被後人稱之為「二朱」的兩位好友，而劉薰宇、劉叔琴
亦被人們稱之為「二劉」。葉聖陶雖未在春暉中學教過書，但
由於他的文風及他與夏丏尊的親家關係，也被人們視為白馬
湖作家。鄭振鐸的情況與葉聖陶相仿，是一位與白馬湖作家
交遊甚密的人物。

　　以上文人的「進駐」白馬湖，一時使白馬湖有了「人文
薈萃，群賢畢至」的氣象。直到如今，人們在談論中國現代
散文史時仍經常言及這個作家群體，而從散文審美角度上講，
現代散文中的「白馬湖風格」幾乎又成了近乎完美的範本。
人們將這一派的散文名作選入中學的課本，抑或成了現代散
文研究、欣賞的保留作品。

　　更令人感到興趣的是，這一群作家居然還與弘一大師有
著不解之緣。在他們的身上有一種「弘一大師情結」，他們將
弘一大師的智慧、人格魅力視為「背光」，此誠如朱光潛所承
認的那樣：「當時一般朋友中有一個不常現身而人人都感到他
的影響的 —— 弘一法師。」（〈豐子愷先生的人品與畫品〉）

　　朱光潛說弘一大師是一位不常現身的人。這當然是指他
在心靈中的感受。其實，弘一大師在白馬湖是經常現身的。
在簡略介紹了春暉中學和白馬湖作家後，我們的話題則要轉
到弘一大師身上了。

「背光」閃耀

如果沒有弘一大師作白馬湖作家的「背光」，
那麼，
相信白馬湖作家的魅力也必不會像今天這樣，
令人回味無窮。

人們在談論「白馬湖作家群」的時候，有過兩種認識，一是覺得這個群體有一種佛教情結；二是有人把弘一大師李叔同也列入這個群體的名單之中。其實這兩種認識均不十分確切。

所謂佛教情結當然是客觀存在的，但不妨說得更具體些，這其實是「弘一情結」，如果沒有弘一大師的「背光」，白馬湖的作家們或許不會跟佛教有更深的聯繫。而有人因為弘一大師與這群作家們的特殊關係就把他也列入「白馬湖作家群」，甚至有人將弘一大師寫於白馬湖的一則〈白馬湖放生記〉也作為文學作品，收入有關白馬湖作家的文集裡，這不免有些牽強。因為出家後的李叔同從來也不曾想要做一個作家，「白馬湖派」的作家們也從來不曾想過弘一大師是他們文學上的同道，弘一大師不過是他們都十分敬重的人物罷了。

朱光潛在〈豐子愷先生的人品與畫品〉一文中就承認：「當時一般朋友中有一個不常現身而人人都感到他的影響的——弘一法師。」他晚年在接受訪談時又強調：「豐先生信佛，當時，我們並不感到奇怪。我們自己也看過一點佛書，覺得以出世的精神做入世的事業就專心致志去做。在當時那樣的環境裡，我們都很苦悶，想找條出路……我見過弘一法師，很敬佩他的人品。」

葉聖陶也是以結識弘一大師為榮的。1927年秋，弘一大師到上海，他就託豐子愷介紹，見過大師，見面後又為人們留下了〈兩法師〉一文。

　　應該講，朱光潛對弘一大師的敬重在白馬湖作家中很有代表性。比如他在〈以出世的精神，做入世的事業〉一文中就說：「我自己在少年時代曾提出『以出世精神做入世事業』作為自己的人生理想，這個理想的形成當然不止一個原因，弘一法師替我寫的《華嚴經》偈對我也是一種啟發。佛終生說法，都是為救濟眾生，他正是以出世精神做入世事業的。入世事業在分工制下可以有多種，弘一法師從文化思想這個根本上著眼。他持律那樣謹嚴，一生清風亮節會永遠嚴頑立懦，為民族精神文化樹立了豐碑。」所以我們說，白馬湖的作家，他們大多還是從大文化角度上來理解弘一大師、敬重弘一大師的，即便是後來拜弘一大師皈依佛教的豐子愷也未必不是如此，他以居士的身分處世，承傳著弘一大師的文化精神（包括佛教精神）。

　　白馬湖作家在人格取向上如此以弘一大師為鏡，而在教育教學方面也是如此。正如前述，白馬湖作家群的形成是緣於春暉中學的誕生。他們首先是教師，自然也必有其鮮明而獨特的教育觀點和理念。

　　白馬湖作家的教育教學理念主要包括新村意識；德、智、體、美、群、勞六育並重和注重人格感化。

　　朱自清在〈教育家的夏丏尊先生〉一文中說過：「夏丏尊先生是一位理想家。他有高遠的理想，可並不是空想，他少年時傾向無政府主義，一度想和幾個朋友組織新村，自耕自食，但是沒有實現。」新村意識構成了以夏丏尊為代表的白馬

湖作家的教師理念的基礎。這種帶有柏拉圖理想的情結其實
是很有人本主義觀念的表現。正因為有了這樣的尊重個性的
思想基礎，所以才有了「六育」並重和人格感化的教育主張。

　　我們可以注意到一個基本的事實，這便是夏丏尊在〈弘
一法師之出家〉一文中談到當年與李叔同共事於浙江省立第
一師範學校時的文字：

　　　　我擔任舍監職務，兼教修身課，時時感覺對於學生感
　　　　化力不足。他教的是圖畫音樂二科，這兩種科目，在
　　　　他未來以前是學生所忽視的，自他任教以後就忽然被
　　　　重視起來，幾乎把全校學生的注意力都牽引過去了。
　　　　課餘但聞琴聲歌聲，假日常見學生外出寫生，這原因
　　　　一半當然是他對於這二科實力充足，一半也由於他的
　　　　感化力之大。只要提起他的名字，全校師生以及工役
　　　　沒有人不起敬的。他的力量全由誠敬中發出，我只好
　　　　佩服他……

　　李叔同的人格感化力究竟有何出眾之處呢？夏丏尊舉了
一個讓人聽起來十分極端的事例：「有一次，寄宿舍裡有學生
失少了財物了，大家猜測是某一個學生偷的，檢查起來卻沒
有得到證據。我身為舍監，深覺慚愧苦悶，向他求教。他所
指教我的方法說也怕人，教我自殺！」李叔同對他說：「你肯
自殺嗎？你若出一張布告，說作賊者速來自首。如三日內無

自首者，足見舍監誠信未孚，誓一死以殉教育。果能這樣，
一定可以感動人，一定會有人來自首。——這話須說得誠實，
三日後如沒有人自首，真非自殺不可。否則便無效力。」這種
辦法在一般人看來似乎是過分之舉，但李叔同說起來卻是真
心流露，並無虛偽之意。

白馬湖畔春暉中學校舍。

　　李叔同出家後，夏丏尊自然有萬分的感慨，但在他來說，
此後的他卻是一位自覺實行人格感化的代表人物。他把人格
感化的教育理念具體為「愛的教育」。他苦口婆心地寫了大量
文章，如〈悼一個自殺的中學生〉、〈怎樣對付教訓〉、〈一個
從四川來的青年〉、〈教育的背景〉等等，字裡行間充滿了對
青年學生的愛心。曾經是夏丏尊學生的豐子愷將夏丏尊的教

育看作是「媽媽的教育」。而夏丏尊則在他的〈「愛的教育」譯者序言〉中要求教師不要像販運知識的商人，僅僅把各科知識送到學生手中，這就缺少了一種東西。他打了一個比方說：「好像掘池，有人說四方形好，有人又說圓形好，朝三暮四地改個不休，而於池的所以為池的要素的水，反無人注意。教育上的水是什麼？就是情，就是愛。教育沒有了情愛，就成了無水的池，任你四方形也好，圓形也罷，總逃不了一個空虛。」

李叔同的教育精神自然影響到夏丏尊，而作為白馬湖作家的領袖人物，夏丏尊的精神也無疑影響著他周圍的人。

朱自清說：「第一教育者先須有『培養』的心，坦白的，正直的，溫熱的，忠於後一代的心！有了『培養』的心，才說得到『培養』的方法。」「第一先須有溫熱的心，能夠愛人！須能愛具體的這個那個的人；不是說能愛抽象的『人』。能愛學生，才能真的注意學生，才能得到學生的信仰；得了學生的信仰，就是為學生所愛。那時真正如父子兄弟一家人，沒有說不通的事；感化於是乎可言。」

白馬湖作家的教育教學理念形成的原因和實際運用自然還可作多方面的研究，但弘一大師的影響是不言而喻的。這種摯誠、摯愛和身體力行的人格在弘一大師 —— 李叔同那裡是全都具備了的。

他們將弘一大師比作「背光」，足可見其中的淵源關係了。現在研究者常講：就白馬湖作家群的研究而言，如果把這個

總課題的研究看做是一部交響樂，那麼他們之間的親密無間、
文學風格、藝術追求和教育、教學理念與實踐等等核心內容
就是這部交響樂中的「華彩樂段」，而教育、教學理念與實踐
則是這「華彩樂段」中不可或缺的組成部分。少了它，樂段
「華彩」不起來，而交響樂也就不甚精彩了。同理，如果沒
有弘一大師作白馬湖作家的「背光」，那麼，相信白馬湖作家
的魅力也必不會像今天這樣，令人回味無窮。

生活的藝術化

只要對於日常生活有觀照玩味的能力，
無論如何都能有權去享受藝術之神的恩寵。

　　出家前的李叔同是經亨頤、夏丏尊在浙江省立第一師範
學校時的同事，是豐子愷的老師；出家後的李叔同成了大名
鼎鼎的弘一大師。他在出家以後，可謂是仙鶴雲遊，四方為
家。1925年的一天，弘一大師雲遊至寧波七塔寺。此時夏丏
尊恰好也在寧波，他得知消息後，迫不及待地就前往拜望。
夏丏尊在雲水堂裡看到四五十個遊方僧住著，似乎皆睡通鋪，
而弘一就住在下層。老友重逢，他倆便坐在廊下的板凳上交
談起來：

　　「到寧波三日了，前兩日是住在小旅館裡的。」

　　「那旅館不十分清爽吧?」

　　「很好！臭蟲也不多，不過兩三隻。主人待我非常客氣
呢！」

　　他倆談了一會兒後，夏丏尊就邀請弘一到上虞白馬湖住
幾天。由於夏丏尊的堅請，弘一也就答應下來。

　　到了白馬湖，夏丏尊將弘一安頓在春社住下。只見弘一
親自把鋪蓋打開，這是十分簡單，且用破席子裹著的鋪蓋。
只見他將破席子珍重地鋪在牀上，又攤開了被子，把衣服捲
了幾件就充作了枕頭。然後，他取出一塊又黑又破的毛巾從
容地走到湖邊去洗臉。

　　夏丏尊實在忍不住了，就說：

　　「這毛巾太破了，替你換一條好嗎?」

　　「哪裡！還好用的，和新的差不多。」

　　弘一一邊說，一邊就把毛巾展開來讓夏丏尊看，好像是

表明它並不十分破舊似的。

弘一到白馬湖時，已過了中午。由於他嚴格按照戒律行事，過午即不進食。第二天，夏丏尊在沒有到中午之前就早早地送去了飯菜。弘一吃飯時，夏丏尊就在一旁看著。這菜不過是些白菜蘿蔔之類的家常素菜，可弘一吃起來卻是那樣的喜悅。尤其是當他用筷子鄭重地夾起一塊蘿蔔時的那種惜福的神情，夏丏尊見了感動地要流下淚來。

這天，有另一位朋友送來了四樣素菜，其中一碗菜非常鹹。夏丏尊帶著責備的口吻說：「這太鹹了！」豈知弘一說道：「好的！鹹的也有鹹的滋味，也好的！」

此後，弘一表示不必再專門為他送菜來，說他自己可以走著去吃飯。

「那麼逢天雨仍替你送去吧。」

「不要緊！天雨，我有木屐哩！」他把「木屐」二字說得很鄭重，儼然是一種了不得的法寶一般。他又補充曰：「每日走些路，也是一種很好的運動。」

在弘一看來，這世界上竟沒有一樣東西是不好的。小旅館是好的，儘管有幾隻臭蟲、通鋪是好的、破席子是好的、破毛巾是好的、鹹苦的素菜是好的、走路也是好的……夏丏尊算是徹底地折服了：「這是何等的風光啊！宗教上的話且不說，瑣屑的日常生活到此境界，不是所謂生活的藝術化了嗎？人家說他在受苦，我卻說他是享樂。我常見他吃蘿蔔白菜時那種喜悅的光景，我想：蘿蔔白菜的全滋味，真滋味，怕要

算他才能如實嚐到了。對於一切事物，不為因襲的成見所縛，都還它一個本來面目，如實觀領略，這才是真解脫，真享受。」

在夏丏尊看來，弘一大師未出家時，曾是國內藝術界的先輩，而出家後專心念佛，見人也但勸念佛，藝術上的話是不談起了。可是這一次在白馬湖相處，則是深深地受到了藝術的刺激——生活藝術的刺激！

「藝術的生活原是觀照享受的生活，在這一點上，藝術和宗教實有同一的歸趨。凡為實例或成見束縛，不能把日常生活咀嚼玩味的，都是與藝術無緣的人。真的藝術，不限在詩裡，也不限在畫裡，到處都有，隨時可得。能把它捕捉了用文字表現的是詩人，用形及五彩表現的是畫家。不會作詩，不會作畫，也不要緊，只要對於日常生活有觀照玩味的能力，無論如何都能有權去享受藝術之神的恩寵。否則雖自號為詩人畫家，仍是俗物。」——這便是夏丏尊在與弘一大師相處後的感觸！

君子之交

李叔同比夏丏尊長六歲，

但他倆氣味相投，

加上李叔同比之於夏丏尊多少顯得豁然，

而夏丏尊比之於李叔同又多少顯得老成，

所以，

他倆幾乎沒有什麼年齡上的隔閡。

　　這位感慨弘一大師生活藝術化的夏丏尊實可謂是與弘一大師最有緣的人。他當年在浙江省兩級師範學堂任日文翻譯，還先後任舍監、司訓育，並兼授國文、日文。1912年，對於兩級師範和夏丏尊本人來說都是歷史性的一年。因為就在這一年，注重「人格教育」，力主以「勤、慎、誠、恕」為校訓，提倡「德、智、體、美、群」五育並重的經亨頤先生接替了校長之職，而就在這一年的秋天，經亨頤為了加強學校的藝術教育，從上海請來了大名鼎鼎的李叔同來校執教。經亨頤確是一位有眼力的校長，因為這位「二十文章驚海內」的李叔同實可謂中國當時開藝術教育風氣之先的前衛人物。

　　李叔同的到來，無疑給夏丏尊的生活注入了許多新鮮的活力。

　　有人說，夏丏尊與李叔同原本在日本時就已經相識了。例如他倆的共同的同事姜丹書先生在一篇文章中就提到：「元年秋，李先生叔同亦來任教習。李與夏，故為留東學友，相交尤契。」然而姜氏所言並不確切。因為夏丏尊本人在〈弘一法師之出家〉一文中明確講過：「我和弘一法師（俗姓李，名字屢易，為世熟知者名曰息，字曰叔同）相識，是在杭州浙江兩級師範學校（後改名浙江第一師範學校）任教的時候。」

　　他倆相識雖不算很早，可一旦相遇，便意氣相投、情同手足。對於此，在別人看來十分羨慕，在夏丏尊自己看來又倍感榮幸。他承認：在這所學校裡，李叔同「和我相交者近十年，他的一言一行，隨時都給我以啟誘。」他折服於李叔同

的「神力」，以為「李先生教圖畫、音樂，學生對於圖畫、音樂，看得比國文、數學還重，這是有人格作背景的緣故。因為他教圖畫、音樂，而他所懂得的不僅是圖畫、音樂；他的詩文比國文先生的更好，他的書法比習字先生的更好，他的英文比英文先生的更好……這好比一尊佛像，有後光，故能令人敬仰。」

　　夏丏尊雖是一位憂國憂民且具有一副古道熱腸的人，但也正如他自己所以為的那樣，在那個時候，他身上的少年名士氣息已剷除將盡，只想在教育上做一些實際的工作。因此，從另一個角度上講，他並不熱中於政治（1920年，毛澤東曾與夏丏尊在湖南第一師範共過事，毛澤東也曾對朋友說：「丏尊先生不了解政治」）。他跟李叔同一樣，並不願參與社會政治活動。1912年，社會上一時盛傳要進行普選。夏丏尊不願當選，便改名叫了「丏尊」，以代替讀音相近的「勉旃」，有意讓選舉人在填寫「丏」字時誤寫為「丐」而成廢票。當然，此後並未真的實行普選，但他的性情則由此流露無遺。

　　李叔同比夏丏尊長六歲。但他倆氣味相投，加上李叔同比之於夏丏尊多少顯得豁然，而夏丏尊比之於李叔同又多少顯得老成，所以，他倆幾乎沒有什麼年齡上的隔閡。有一幅《小梅花屋圖》上的題跋頗能說明他倆的性情和友情。當時李叔同住在學校的宿舍裡，而夏丏尊則住在城裡的彎井巷。夏丏尊在那裡租了幾間舊房子，由於窗前有一棵梅樹，遂取名叫「小梅花屋」。「小梅花屋」裡掛有李叔同的朋友陳師曾

贈的《小梅花屋圖》一幅，圖上有李叔同所題〈玉連環〉詞一首，詞曰：

> 屋老，一樹梅花小。住個詩人，添個新詩料。愛清閒。愛天然。城外西湖，湖上有青山。

夏丏尊也有自己題寫的一首〈金縷曲〉：

> 已倦吹簫矣。走江湖，饑來驅我，嗒傷吳市。租屋三間如鋋小，安頓妻孥而已。笑落魄萍蹤如寄。竹屋紙窗清欲絕，有梅花慰我荒涼意，自領略枯寒味。
> 此生但得三弓地。築蝸居、梅花不種，也堪貧死。湖上青山青到眼，搖蕩煙光眉際。只不是家鄉山水。百事輸人華髮改，快商量別作收場計。何鬱鬱，久居此！

夏丏尊就是這樣一位多愁善感之人。他也曾想超脫一點，嘗刻一印曰：「無悶居士」。他此時才二十幾歲，本不該有多少愁悶，而欲自勉「無悶」，多少說明他的心中早已是悶悶矣。李叔同倒是覺得他的這種性格頗為可愛。夏丏尊本不是詩人，而李叔同則把他譽為詩人，這裡也多少是指他的氣質、人品了。

1913年的一天，李叔同和夏丏尊雇了一隻小船到西湖中的湖心亭裡去喝茶。這是他倆尋求清靜的一種法門。這天他

倆要躲避的是來學校演講的一位所謂的社會名流。喝茶時夏丏尊對李叔同說:「像我們這種人,出家做和尚倒是很好的。」

誠然,對於夏丏尊來講,他的這種話不過是口頭上說說而已,像他這樣一個對待校務和學生什麼都要愁一愁、憂一憂的人哪能做得如此灑脫呢?

在學校裡,負責管理學生宿舍的舍監一職是一個吃力而不討好的苦差,誰都不願意承擔。而夏丏尊會自告奮勇提出兼任;一段時期,學校缺乏國文教師,又是他主動要求擔當。但是跟李叔同比起來,夏丏尊深感自己的感化力不足。因為在他看起來,自從李叔同來校教圖畫、音樂以後,這兩門原先並不被學生看好的課一下子成了學校裡的熱門課程,幾乎把全校的學生都吸引了過去。於是他得出這樣一個結論:「這原因一半當然是他對於這二科實力充足,一半也由於他的感化力大。」

杭州自古就是一塊佛土。許多歷史上的名賢,諸如蘇東坡、白居易、林和靖等都在這塊佛地與佛教有著很密切的關係。近代的蘇曼殊也是如此,每當他在生活中遇到挫折,他都會到杭州來潤澤一下自己的心靈。李叔同怎樣呢?且看他自己的表白:

> 杭州這地方,實堪稱為佛地,因為那邊寺廟之多約有兩千餘所,可以想見杭州佛法之盛了……當民國二年夏天的時候,我曾在西湖廣化寺裡面住了幾天,但是

住的地方卻不是出家人的範圍之內，那是在該寺的旁邊，有一所叫作痘神祠的樓上。痘神祠是廣化寺專門為著給那些在家的客人住的。當時我住在裡面的時候，有時也曾到出家人的地方去看看，心裡卻感覺得有意思呢！

李叔同對出家人的生活感興趣，可他身為教師，雖然內心與西湖的空山靈雨頗能契合，但幾年來，他倒還是全身心地投入在實際的教學之中，生活也就相對的穩定。然而，這種相對的穩定終於還是在1916年夏日的一天給動搖了，其客觀原因，當又與夏丏尊有著直接的關係。

這一天，夏丏尊在一本日本雜誌上看到一篇題為〈斷食的修養方法〉的文章。文章說斷食是身心「更新」的修養方法，自古宗教上的傑出人物，如釋迦牟尼、耶穌等都曾實行斷食修煉。還說斷食可以改去惡德，生出偉大的精神力量，並且又列出了實行斷食過程中的種種注意事項和方法，繼而介紹了一本專講斷食的參考書。

夏丏尊讀了此文後，覺得很有趣，一時興奮，就把它介紹給李叔同。李叔同不看倒也罷了，可這一看，便就被迷住了。在此後兩人的閒談中，彼此都有「有機會時最好把斷食來試試」的話。像這樣的話，在夏丏尊看來不過是說說罷了，作為一種戲言，隨之也就忘得一乾二淨。可李叔同不然，他是一個凡事都認真的人，雖然無意去做釋迦牟尼、耶穌那樣

的聖人，但既然這篇文章中說斷食有許多好處，為何不去試試呢？李叔同自己是這樣表白的：

> 我於日本雜誌中，看到有說關於斷食的方法的，謂斷食可治療各種疾病。當時我就起了一種好奇心，想來斷食一下，因為我那個時候患有神經衰弱症，若實行斷食後，或者可以痊愈，亦未可知。

李叔同下了決心。但在學校，他沒有聲張，只是私下裡為此作著準備，就連夏丏尊，他也沒有告訴。

李叔同實行斷食的地點是在杭州的虎跑。他的斷食實行得很順利。他的原意只是來試試斷食後的感覺，並無其他更多的期望。可他這回親臨寺院，對僧人的生活更加親近起來。他經常看見有一位出家人從他的窗前輕輕地走過，每至此時，他都會羨慕其與世無爭的超凡氣象。有時他會向僧人借來佛經看，企圖在經書中探覓另一種人生。

李叔同自稱斷食的時間為十七天，但他在虎跑寺實際住的時間則是三個星期。也就是說，自那年學校放年假起，他離開學校的時間已將近一個月。按照李叔同的慣例，他一般是在每週週末回上海一趟，跟居留在上海海倫路家中的日籍夫人團聚，然後於星期日下午返杭州。他寧可自己辛苦奔波，卻從來不無故請假。在夏丏尊看來，李叔同每個星期六都是要回上海的，那麼年假時也必定如此了。所以這回夏丏尊以

為一切如常，學校的年假一放，就自管回上虞老家。可假滿
返校時，一貫準時歸來的李叔同卻沒有人影。一天、兩天、
十天，直到兩個星期後才發現李叔同一副清癯消瘦的模樣回
來了。直到這時，夏丏尊才恍然大悟，原來這位仁兄是背著
自己獨自到虎跑去實行斷食了。他為此驚異地問：「為什麼不
告訴我？」

李叔同的回答是：「你是能說不能行的。並且這事預先教
別人知道也不好，旁人大驚小怪起來，容易發生波折。」

夏丏尊聽了此言，除了苦笑之外，竟也答不出一句話來。
他後悔早先介紹李叔同讀那篇文章，有了這一回，還不知將
來再發生什麼樣的事呢！

終於，李叔同於1918年正月十五日這天皈依了佛教，並
為正式出家積極作著準備。他的生活，正如他的學生豐子愷
說的：「漸漸收縮起來」了。

看到這種情景，夏丏尊不勝寂寥，他對自己介紹李叔同
讀那篇斷食的文章後悔不已，甚至悔不該在當初苦勸李叔同
留在浙一師從教。關於此，夏丏尊在〈弘一法師之出家〉一
文中痛悔自己當初的作為：

> 在這七年中，他想離開杭州一師有三四次之多，有時
> 是因為對於學校當局有不快，有時是因為別處來請他，
> 他幾次要走，都是經我苦勸而作罷的，甚至於有一個
> 時期，南京高師苦苦求他任課，他已接受了聘書了，

因我懇留他，他不忍拂我之意，於是杭州南京兩處跑，一個星期中要坐夜車奔波好幾次。他的愛我，可謂已經超出尋常友誼之外，眼看這樣的好友因信仰的變化要離我而去，而且信仰的事不比尋常名利關係可以遷就。料想這次恐已無法留得他住，深悔從前不該留他。他若早離開杭州，也許不會遇到這樣複雜的因緣的。

看到李叔同如此「世味日淡」的模樣，有一次夏丏尊急了，不經意就脫口說了一句激憤之言：「這樣做居士究竟不徹底。索性做了和尚，倒爽快！」

李叔同聽了此言並未介意，卻是笑顏相對。夏丏尊哪裡知道，他早有這個打算了。

「任杭州教職六年，兼任南京高師顧問者二年，及門數千，遍及江浙。英才蔚出，足以承紹家業者，指不勝屈，私心大慰。弘揚文藝之事，至此已可作一結束。」——這是李叔同出家初期寫給侄子李聖章的信中說到的話。他當然是可以「私心大慰」的，無論他此時是否出家，在弘揚文藝的事上他既對得起自己，又對得起中華民族。1918年農曆七月十三日，李叔同告別了任教六年的浙江省立第一師範學校，正式出家為僧。他出家的時候，夏丏尊已經回老家上虞去了，當時並不知道。可暑假結束夏丏尊到虎跑去看李叔同的時候，眼前的這位好友已不叫李叔同而喚弘一法師了。下面的對話很有意思：

「不是說暫時做居士，在這裡修行，不出家的嗎?」

「這也是你的意思，你說索性做了和尚……」

直至此時，夏丏尊方才醒悟，他自己的那些個不經意的言行，在李叔同那裡全都是認真的。所以，李叔同在出家兩三年後，還對別人說:「我的出家，大半由於夏居士的助緣。此恩永不能忘!」

這天夏丏尊在看望李叔同後，臨別時就跟李叔同作約:「盡力護法，吃素一年。」而李叔同含笑回敬的是四個字:「阿彌陀佛」。

出家後的李叔同成了大名鼎鼎的弘一大師。他在出家以後，可謂是仙鶴雲遊，四方為家。這回弘一大師來到白馬湖，對於夏丏尊來講，既是無限的欣喜，也是他回味往事的最大契機。

弘一大師曾在1937年5月應青島湛山寺之請赴青島宏法。而就在此年的8月13日，日軍向上海發動了大規模的進攻，這是日本侵華戰爭的又一次升級。至此，中國也就進入了全面的抗日戰爭。10月，弘一為了回到閩南去，路經上海，並停留了幾天。那幾天，上海正是炮火喧天，炸彈如雨。弘一大師鎮靜自若，從容應對。夏丏尊見了後又是佩服得五體投地。夏丏尊知道，弘一的這一去，又不知何年何月才能再見面了，更何況這抗戰的年頭，禍患隨時隨地都會降臨。為此，他要求弘一大師到住處附近的照相館拍一張照片。這就是人們目前所經常能見到的那張弘一大師標準像了。

1937年弘一大師在夏丐尊敦
促下於上海某照相館拍攝的
照片。　此照已被公認為弘一
大師的標準照。

　　弘一大師回到了福建。所謂「為
護法故，不怕炮彈」、「念佛不忘救
國，救國必須念佛」是他當時的心
志。他盡力地宏法，同時也鼓勵當
地的抗戰熱情。他寫過一首詩答柳
亞子：

　　亭亭菊一枝，高標矗勁節。
　　云何色殷紅，殉教應流血。

皈依弟子

在學生時代，

豐子愷遇上了大名鼎鼎的李叔同先生，

一位啟迪了他那顆善良的藝術心靈的藝術先驅。

　　弘一大師一生擁有眾多的學生和弟子,而其中因緣深切,影響廣大,同時又有極高藝術才華和成就的一位當是集畫家、文學家、文藝理論家、翻譯家、書法家、音樂教育家於一身的豐子愷先生了。

　　1914年初秋,實齡為十六歲的豐子愷以第三名的成績考入了杭州的浙江省立第一師範學校。這一年的夏天,豐子愷以第一名的成績畢業於崇德縣立第三高等小學校。此後,他來到省城杭州同時報考了三所學校,結果甲種商校取第一名;第一師範取第三名;第一中學取第八名,三校同時錄取。豐子愷最後下決心選擇第一師範是出於兩方面的考慮,一是尊重母親的意願;二是自感此校規模宏大,似乎更可以滿足自己的求知欲望。對豐子愷來說,他的這一選擇,無疑是明智之舉,因為就在這一所學校裡,他遇上了大名鼎鼎的李叔同先生 —— 後來的弘一大師 —— 一位啟迪了他那顆善良的藝術心靈的藝術先驅。

　　在當時的浙江省立第一師範學校裡,有像校長經亨頤和李叔同、夏丏尊、姜丹書等這樣的一批具有進步思想和改革精神的教師。他們一心一意地辦學,使該校學風純正,民主氣息濃厚;又由於李叔同的大力提倡,學校裡的師生對藝術教育都十分重視。據豐子愷在〈李叔同先生的教育精神〉一文中介紹,當時學校就有開天窗的專用圖畫教室;有單獨坐落在校園花叢中,擁有兩架鋼琴、五六十架風琴的音樂教室。對於一所中等學校而言,這樣的藝術教學配置不要說在當時,

就是在現在也是極為可觀的了。豐子愷在同一篇文章裡還說:
在這所學校裡「課程表裡的圖畫、音樂鐘點雖然照當時規定,
並不增多,然課外圖畫、音樂學習的時間比任何功課都勤;
下午四時以後,滿校都是琴聲,圖畫教室裡不斷的有人在那
裡練習石膏模型木炭畫,光景宛如一藝術專科學校。」就是在
這樣一所學校裡,豐子愷開始從師於李叔同,接受正規的音
樂和美術教育。

　　對於老師李叔同的最初印象,豐子愷在〈為青年說弘一
法師〉一文中是這樣描述的:

　　我們走向音樂教室(這教室四面臨空,獨立在花園裡,
　　好比一個溫室)。推進門去,先吃一驚:李先生早已端
　　坐在講臺上。以為先生還沒有到而嘴裡隨便唱著、喊
　　著,或笑著、罵著而推進門去的同學,吃驚更是不小。
　　他們的唱聲、喊聲、笑聲、罵聲以門檻為界而忽然消
　　滅。接著是低著頭,紅著臉,去端坐在自己的位子裡。
　　端坐在自己的位子裡偷偷地仰起頭來看看,看見李先
　　生的高高的瘦削的上半身穿著整潔的黑布馬褂,露出
　　在講桌上,寬廣得可以走馬的前額,細長的鳳眼,隆
　　正的鼻梁,形成威嚴的表情。這副相貌,用「溫而厲」
　　三個字來描寫,大概差不多了。

李叔同上課非常認真。他總是在上課之前先在教室裡的

黑板上清清楚楚地寫好這堂課所授的內容，然後端坐在講臺
上靜候學生們的到來。他的這種認真精神，就連最頑皮的學
生也不敢散漫。每到上他的課，學生們個個提前入室，從未
有人敢遲到。豐子愷雖然不是一個會給教師找麻煩的學生，
但他在開始時也是對李叔同有畏懼之心的。所謂「還琴」，多
少可以說明這個問題。

　　當時李叔同一般是每星期教授一次彈琴。他先把新課彈
奏一遍給學生聽，然後約略指導一番彈奏要點，這就讓學生
各自用課餘時間去練習，並要求在一週後由學生再來彈給他
聽。這便是所謂的「還琴」。每次輪到豐子愷「還琴」，他往
往是在十分鐘內了結盥洗和吃飯二事，然後攜著彈琴講義先
到練琴房去再抱一下佛腳，接著便在心中帶著一塊沉重的大
石頭而步入還琴教室。善於描寫的豐子愷在〈甘美的回味〉
一文中又為人們描述了當他步入教室後的情景：「我們的先生
——他似乎是不吃飯的——早已靜悄悄地等候在那裡。大風
琴上的譜表與音栓都已安排妥帖，顯出一排雪白的鍵板，猶
似一件怪物張著闊大的口，露出一口雪白的牙齒而蹲踞著，
在那裡等候我們的來到。」所以，李叔同平時的言語雖然不多，
但同學們個個怕他，也個個愛他。怕的是李叔同那種威嚴，
愛的是李叔同的人格。

　　其實豐子愷在兒童時代就已接觸過李叔同創作的歌曲。
1905年，李叔同作了〈祖國歌〉，1910年，豐子愷十三歲時在
故鄉的小學裡讀書，其老師金可鏤先生就教他們這一班學生

唱過這首歌，並一面唱一面遊行，以宣傳用國貨。當時的豐
子愷並不知道這首歌的作者為何人，只覺此歌激發了自己的
愛國情懷。到了浙一師後，他認識了李叔同，並知道自己小
時候所唱〈祖國歌〉的作者就是自己的這位「溫而厲」的老
師李叔同先生。可想而知，這時豐子愷的欣喜之情是十分熾
烈的。

　　誠然，豐子愷在認識李叔同之初，其心中的敬畏之情尚
處在一種表層的直覺階段。但這種直覺很快就被因更深入的
了解、頻繁的接觸所產生的內在價值評判替代了。這種價值
評判一旦在豐子愷的心中確立，就決心跟著李叔同專攻藝術
了。豐子愷在他自己的〈舊話〉一文中就承認，他原想使自
己跟從一位「我所欽佩的博學國文先生研究古文，或進理科
大學研究理化，或入教會學校研究外國文」。然而，當他跟從
李叔同學起了繪畫後，他體會到了藝術與英、數、理、化的
不同滋味。此後，他漸漸疏遠其他功課，而埋頭於美術，居
然成了學校裡繪畫成績的佼佼者。當然，豐子愷這樣做也是
付出代價的。他在〈為青年說弘一法師〉中透露：「以前學期
考試連列第一，此後一落千丈，有時竟考末名，幸有前兩年
的好成績，平均起來，畢業成績猶得第二十名。」由於對音樂、
美術課的偏愛，豐子愷在學校裡不僅能彈鋼琴、畫畫、治篆
刻，他還被推為學校「桐陰畫會」的負責人。從四年級開始，
他經常藉故請假到西湖寫生，幾乎沒有學過有關教育方面的
課程，甚至連到附屬小學實習都沒有參加。

　　豐子愷在美術上的每一個進步，李叔同都及時地看在眼裡。豐子愷同樣在〈為青年說弘一法師〉裡說：有一天晚上，他到李叔同的房裡去匯報學習情況（他當時任年級的級長），當匯報完畢正要退出時，李叔同叫住了他，並用很輕但極嚴肅的聲音和氣地對他說：「你的畫進步很快！我在南京和杭州兩處教課，沒有見過像你這樣進步快速的人。你以後可以……」聰明的豐子愷明白了老師的意圖，他在〈舊話〉一文中認為：「李先生當時兼授南京高等師範及我們第一師範兩校的圖畫，他又是我們最敬佩的先生之一。我聽到他這兩句話，猶如暮春的柳絮受了一陣強烈的東風，要大變方向而突進了。」果然，豐子愷大變方向了。關於此，他在〈為青年說弘一法師〉一文中有一段神祕而又自我慶幸的談話：

　　　　當晚這幾句話，便確定了我的一生。可惜我不記得年
　　　　月日，又不相信算命。如果記得，而又迷信算命先生
　　　　的話，算起命來，這一晚一定是我一生中一個重要關
　　　　口，因為從這晚起，我打定主意專門學畫，把一生奉
　　　　獻給藝術，直到現在沒有變志。

　　豐子愷後來曾將〈為青年說弘一法師〉一文作過修改以〈懷李叔同先生〉之題重新發表時卻刪去了這段話，箇中原因，可能是他後來覺得這樣說未免過於唐突。因為確立一生的志向總離不開日積月累的藝術實踐和生活積累，只靠那一

晚李叔同的一席話未必就能成為人生的「關口」。其實，與其
說這是一個「關口」，還不如說這是一個緣。另一方面，即便
李叔同能用一席話打動豐子愷的心，這裡還由於李叔同個人
的品格、魅力在起作用。我們不妨看看豐子愷在〈我與弘一
法師〉一文中所表述的他心目中的李叔同先生：

> 他從來不罵人，從來不責備人，態度謙恭，同出家後
> 完全一樣；然而個個學生真心的怕他，真心的學習他，
> 真心的崇拜他。我便是其中之一人。因為就人格講，
> 他的當教師不為名利，為當教師而當教師，用全副精
> 力去當教師。就學問講，他博學多能，其國文比國文
> 先生更高，其英文比英文先生更高，其歷史比歷史先
> 生更高，其常識比博物先生更富，又是書法金石的專
> 家、中國話劇的鼻祖。他不是只能教圖畫音樂，他是
> 拿許多別的學問為背景而教他的圖畫音樂。夏丏尊先
> 生曾經說：「李先生的教師，是有後光的。」像佛菩薩
> 那樣有後光，怎不教人崇敬呢？而我的崇敬他，更甚
> 於他人。

豐子愷心目中的李叔同是如此一個偉大的形象。李叔同
表揚他、開導他、鼓勵他，他自然欣喜萬分，也自然要傾心
追隨了。

李叔同認了豐子愷這樣一個可以造就的弟子後，便從多

方面培養和熏染他。當時，西洋藝術理論多從日本介紹到中國來。於是，李叔同就又單獨教授豐子愷日文。這樣，豐子愷與他的李先生的接觸日益頻繁，其深厚彌篤、永恆持久的師生情誼從此牢固地建立了。

文心、藝術心與佛緣

有藝術的心而沒有技術的人，
雖然未嘗描畫吟詩，
但其人必有芬芳悱惻之懷、光明磊落之心，
而為可敬可愛之人。

　　李叔同當然是豐子愷藝術上（這裡指「技藝」方面）的
啟蒙老師，但他對豐子愷的影響更重要的還在於思想、情操
和藝術修養等方面，即他給予豐子愷的主要東西是一顆藝術
家的心靈。

　　李叔同可謂是一位藝術全才。儘管如此，據豐子愷在〈李
叔同先生的文藝觀〉中說：他的案頭卻總放著一冊明代劉宗
周著關於古來賢人嘉言懿行的《人譜》，並且還在封面上寫著
「身體力行」四個字，每個字旁又加上一個紅圈。李叔同常
對豐子愷說一些書中有關做人與藝術的準則。他把其中「士
先器識而後文藝」的意思講給豐子愷聽，要求他首重人格修
養，次重文藝技術，要做一個好的文藝家，必先做一個好人。
他認為一個文藝家若沒有「器識」，無論技藝何等精通熟練，
亦不足道。所以他告誡豐子愷：「應使文藝以人傳，不可人以
文藝傳。」這種告誡對豐子愷來說非常及時，這正像豐子愷自
己說的那樣：「我那時正熱中於油畫和鋼琴技術，這一天聽了
他這番話，心裡好比開了一個明窗，真是勝讀十年書。從此
我對李先生更加崇敬了。」李叔同後來在出家時把《人譜》送
給了豐子愷。豐子愷也將此書視作珍寶收藏，後由於抗戰炮
火，此書毀於一炬。但他在逃難期間，偶爾在成都的舊書攤
上見到了一冊《人譜》，立即將其買下，一直保存在身邊。可
見，李叔同的這一教導是在豐子愷的內心裡紮下根了的。這
也正像豐子愷在〈新藝術〉一文裡所講的：「有藝術的心而沒
有技術的人，雖然未嘗描畫吟詩，但其人必有芬芳悱惻之懷、

光明磊落之心，而為可敬可愛之人。若反之，有技術而沒有藝術的心，則其人不啻是一架無情的機械了。」

　　豐子愷是在李叔同的啟迪下走上藝術之路的；他那顆受過老師熏染的藝術心始終主導著他的創作。跟老師一樣，豐子愷以博愛、深廣的心靈去看天地間一切有情無情的物事；他相信藝術家所見的世界是一視同仁、平等的世界；藝術家的心，對於世間萬物都應給予熱誠的同情。

　　李叔同出家前夕，曾帶著豐子愷去杭州的一條「陋巷」裡訪問過馬一浮先生。又開始把他自己不用的東西送給豐子愷和其他與之親近的友生，又介紹夏丏尊先生給豐子愷繼續授日文課，還把日本畫家介紹給豐子愷，讓他陪著去西湖寫生。此外，根據豐子愷〈李叔同先生的愛國精神〉一文可知，大師在出家前還送給豐子愷一個親筆自撰手卷，其中有〈金縷曲〉。豐子愷說：「我還記得他展開這手卷來給我看的時候，特別指著這闋詞，笑著對我說：我寫這闋詞的時候，正是你的年紀……」豐子愷後來在大師圓寂後曾把此手卷上的詩詞製版刊在《前塵影事集》裡。

　　李叔同出家後，豐子愷仍經常到虎跑去看望大師。不久，即1919年夏，豐子愷畢業離校，與弘一大師的另二位學生劉質平、吳夢非共同創辦了上海專科師範學校。到了1921年初，豐子愷辭去教職，借了一筆款子，決心像大師當年一樣，在日本學得一身過硬的藝術本領歸來。他赴日本前夕，專程到杭州與大師告別。此後就開始了他那十個月的「遊學」生活。

　　豐子愷於1921年冬回國。回國後，他先後在上海專科師範學校、浙江省上虞春暉中學、上海立達學園任教。1926年春，弘一大師自溫州至杭州，居西湖招賢寺。他給在上海的豐子愷寄去了一張郵片：「近從溫州來杭，承招賢老人殷勤相留，年內或不復他適。」自從豐子愷於1921年春赴日本之前在杭州鳳生寺向大師告別後，他已有六年沒有見到大師了。所以他在收到郵片的幾天後就與夏丏尊先生一起去杭州拜望弘一大師。

　　豐子愷這回與弘一大師重逢，顯然是受到了很大的觸動。他在〈法味〉一文裡說自己的生活「猶如常在驅一群無拘束的羊，才把東邊的拉攏，西邊的又跑開去。拉東牽西，瞻前顧後，困頓之極。不但不由自己揀一條路而前進，連體認自己的狀況的餘暇也沒有。這次來杭，我在弘一師的明鏡裡約略照見了十年來的自己的影子了。我覺得這次好像是連續不斷的亂夢中一個欠伸，使我得暫離夢境；拭目一想，又好像是浮生路上的一個車站，使我得到數分鐘的靜觀。」

　　豐子愷回到上海後未過幾天，弘一大師又從杭州來信，說他將赴廬山參與道場，願寫經文分送各施主。為此向豐子愷等索英國製水彩顏料。豐子愷即與夏丏尊等合買了八瓶顏料和十張夾宣紙寄去，並附信曰：「師赴廬山，必道經上海，請預示動身日期，以便赴站相候。」然而，弘一大師回函說他此回過上海恐不逗留，待秋季歸來時再圖敘晤。正當豐子愷等待秋季到來的時候，他與大師見面的日子意外地提前了。

八月的一天上午,弘一大師與弘傘法師來到了豐子愷的家裡。
原來他們在前兩日就已到了上海,暫居大南門靈山寺,需待
江西方面來信方才動身。這天,弘一大師在豐子愷家裡吃了
午飯,又與之談了許多有關佛教、藝術以及有關他自己年輕
時在上海的生活情況。下午四時左右,弘一大師返靈山寺前,
豐子愷和剛從日本回來而暫住豐家的黃涵秋陪大師、弘傘法
師就近參觀了立達學園,並約定第二天去訪大師在俗時曾住
過的城南草堂。

　　第二天上午,豐子愷、黃涵秋和另外一位朋友一起到靈
山寺去見弘一大師。此時江西的信已經到了,並且大師他們
當晚就要上船。然而,大師還是換上一雙草鞋,陪豐子愷他
們去訪城南草堂。訪過城南草堂,他們又遊了附近的海潮寺。
午飯後又去了世界佛教居士林。佛教居士林對豐子愷的影響
很大。除了居士林裡的尤惜陰居士對弘一大師的敬重使豐子
愷頗為感慨外,他的最大收穫應該是對居士作用的認識有了
進一步的明確。他在〈法味〉一文中是這樣說的:「和尚是對
內的,居士是對外的。居士實在就是深入世俗社會裡去現身
說法的和尚。我初看這居士林建築設備的奢華,竊怪與和尚
的刻苦修行相去何遠。現在看了尤居士,方才想到這大概是
對世俗的方便罷了。」城南草堂、佛教居士林之行既使他「感
到人生的無常的悲哀」,又「領略了一點佛教的憧憬」。

　　1926年秋後,弘一大師從江西回來了。返回杭州前,他
獨自在豐子愷家裡住了下來。

　　豐子愷一向喜歡替自己的居舍取名。比如1922年至1924年他在白馬湖時的居舍叫「小楊柳屋」；後來，他在抗戰期間在內地又有過「星漢樓」、「沙坪小屋」；1949年後在上海又有「日月樓」等。豐子愷替居舍取名，一般與居舍的環境、特點有關，唯獨「緣緣堂」特別，它不僅有一股馨香的佛教氣息，而且與弘一大師此次寓居豐宅有直接的關係。緣分就這麼來了。當時豐子愷請弘一大師替他自己的居舍取名，不料，大師為他指點了一個使他始料未及的辦法：讓豐子愷在許多小紙片上分別寫上自己喜歡而又可以互相搭配的文字，然後把每張紙片都揉成小紙團，撒在釋迦牟尼像的供桌上，讓豐子愷自己去抓鬮。結果，豐子愷連續兩次都抓到了「緣」字。於是就取堂名為「緣緣堂」，豐子愷還請弘一大師寫了一個橫額。豐子愷把這上海的居舍看作是「緣緣堂」「靈」的存在，真正給它賦形，是1933年春的事情，那是他在故鄉石門灣的自建寓所。

　　有關「緣緣堂」命名的時間，以往學界頗有爭議。〈豐子愷年譜〉（豐華瞻編，載寧夏人民出版社1988年11月初版之《豐子愷研究資料》）1926年條目稱：「八月，弘一法師雲遊到上海，下榻江灣永義里豐宅。豐氏請弘一法師為其寓所命名……於是定名為『緣緣堂』」。事實上1926年8月間弘一大師赴江西經上海時正如豐子愷在〈法味〉一文中所述，並未住豐家，而是住在靈山寺。那麼是否存在弘一大師未住豐家而為之取名的可能性呢？回答亦是否定的。因為豐子愷在〈告緣緣堂

在天之靈〉中說過:「中華民國十五年,我同弘一法師住在江
灣永義里的租房子裡,有一天我在小方紙上寫許多我所喜歡
而可以互相搭配的文字……」可見,這一定是大師住在豐家
發生的事情。所以,可斷定這是弘一大師秋後冬初返杭州經
上海時的事。

　　也有人以為「緣緣堂」命名的時間不是1926年,而是1927
年。如殷琦女士就持此說(參見殷琦:〈關於豐子愷皈依佛教
及緣緣堂命名的時間〉,載《香港文學》1985年9月號)。她的
一條重要的理由是豐子愷寫於1929年的〈緣〉一文有這樣的
一個開頭:「這是前年秋日的事:弘一法師雲遊經過上海,不
知因了什麼緣,他願意到我的江灣的寓中來小住了……」於
是殷琦認為:「根據不知因了什麼緣的句子所表達的口氣看,
這是弘一法師第一次下榻豐子愷家,不像前一年(即1926年)
已經住過的樣子。」為此,殷琦認為豐子愷在〈告緣緣堂在天
之靈〉一文中所謂「民國十五年」可能是豐子愷記憶上的錯
誤。

　　其實,「緣緣堂」的命名時間仍應確定在1926年秋後(或
說冬初)。理由有二,其一,殷琦引用了豐子愷《緣》的開頭
文字固然有一定的說服力,但這段話的省略號後面的另一句
話恰恰又給了人們另一種信號。我們還是完整地引用這段話
來看看:

　　　這是前年秋的事:弘一法師雲遊經過上海,不知因了

什麼緣，他願意到我的江灣的寓中來小住了。我在北火車站遇見他，從他手中接取了拐杖和扁擔，陪他上車，來到江灣的緣緣堂，請他住在前樓，我自己和兩個孩子住在樓下。

豐子愷在此提到了弘一大師來到江灣的「緣緣堂」，那麼，我們是否可以認為此時已有了「緣緣堂」這個名稱了呢？其二，根據不知因了什麼緣的句式是可以給人弘一大師首次來豐宅小住的印象，但「小住」不等於「暫住」。因為1926年秋後大師返杭途中在豐家的停留只有幾天，可算作是「暫住」，而1927年秋大師在豐子愷家幾乎住了一個月，這當然可稱作是「小住」。那麼就「小住」而言，這當然可稱作是他的第一次了。此外，即便「暫住」與「小住」的界限不容易區分，那麼我也並不能因為豐子愷用了這個句式而得出此前一定沒有來住過的結論。我們與其說猜想這次是弘一大師首次來豐家住，還不如更相信豐子愷所謂「民國十五年」給住宅命名的陳述。像「緣緣堂」命名這樣的一件大事，豐子愷應該是不會記錯的。

1927年秋後，弘一大師又一次來到上海。這回，他在豐子愷的家裡一住就是一個月。在這樣一個對豐子愷來講是極為難得的一個月中，弘一大師與豐子愷朝夕相處，其情形，猶如豐子愷在〈緣〉一文中所描述的那樣：

　　每天晚快天色將暮的時候我規定到樓上來同他談話。
他是過午不食的，我的夜飯吃得很遲。我們談話的時
間，正是別人的晚餐的時間。他晚上睡得很早，差不
多同太陽的光一同睡著，一向不用電燈。所以我同他
的談話，總在蒼茫的暮色中。他坐在靠窗的藤牀上，
我坐在裡面椅子上，一直談到窗外的灰色的天空襯出
他的全黑的胸像的時候，我方才告辭，他也就歇息。
這樣的生活，繼續了一個月。現在已變成豐富的回想
的源泉了。

　　由於這一兩年來接連不斷的佛教因緣，再說豐子愷原本
就是弘一大師的得意門生，他為人處世的行為準則早已受到
弘一大師的人格熏染。如今他倆又晨夕一堂，弘一大師的言
行、思想與品格以至信仰便又一次影響了他。

　　終於，豐子愷發願要拜弘一大師為師皈依佛教了。皈依
的地點就在江灣「緣緣堂」裡的鋼琴邊上。時間是1927年農
曆九月二十六日豐子愷生日的這一天。大師為豐子愷取的法
名是「嬰行」。

水樣的靈秀

弘一法師與印光法師並肩而坐，

正是絕好的對比，

一個是水樣的秀美、飄逸；

一個是山樣的渾樸、凝重。

　　早在李叔同辦《太平洋報》副刊時，葉聖陶就對李叔同的書畫留有深刻的印象。至於他與弘一大師的相識，還得益於豐子愷的介紹。李叔同出家後，葉聖陶不時向豐子愷了解有關弘一的近況。他在〈兩法師〉一文中說得十分明確。他在文章中說：「十分感興趣之餘，自然來了見一見的願望，就向子愷先生說了。『好的，待有機緣，我同你去見他。』子愷先生的聲調永遠是這樣樸素而真摯的。以後遇見子愷先生，他常常告訴我弘一法師的近況：記得有一次給我看弘一法師的來信，中間有『葉居士』云云，我看了很覺慚愧，雖然『居士』不是什麼特別的尊稱。」

　　這位在弘一大師信中的「葉居士」終於有了與弘一見面的機會了。1927年秋的一天，豐子愷約他到上海功德林與弘一大師見面。當時的情景，葉聖陶描述得十分傳神：「走上功德林的扶梯，被侍者引進房間時，近十位先到的恬靜地起立相迎。靠窗的左角，正是光線最明亮的地方，站著那位弘一法師，帶笑的容顏，細小的眼眸子放出晶瑩的光。丏尊先生給我介紹之後，叫我坐在弘一法師的側邊。弘一法師坐下來之後，就悠然數著手裡的念珠。我想一顆念珠一聲『阿彌陀佛』吧。本來沒有什麼話要向他談，見這樣更沉入近乎催眠狀態的凝思，言語是全不需要了。」

　　葉聖陶感悟到：「這晴秋的午前的時光在恬然的靜默中經過，覺得有難言的美。」

　　午飯後，葉聖陶等又跟著弘一大師去見印光大師。於是

在他的筆下就又有了二位大師的對比:「弘一法師與印光法師
並肩而坐，正是絕好的對比，一個是水樣的秀美、飄逸，一
個是山樣的渾樸、凝重。」

　　葉聖陶與弘一大師後來直接的交往並不多。不過他是夏
丏尊的親家，所以也就有很多機會在夏丏尊那裡接觸弘一大
師的書法，並且在後來有過不少關於弘一大師的書法的評論。
他在〈弘一法師的書法〉中說:「弘一法師對於書法是用過苦
功的。在夏丏尊先生那裡，見到他許多習字的成績。各體的
碑刻他都臨摹，寫什麼像什麼。」他的書法，「就全幅看，許
多字是互相親和的，好比一堂謙恭溫良的君子人，不亢不卑，
和顏悅色，在那裡從容論道。就一個字看，疏處不嫌其疏，
密處不嫌其密，只覺得每一畫都落在最適當的位置，移動一
絲一毫不得。再就一筆一畫看，無不教人起充實之感，立體
之感。」他在〈全面調和〉一文中又說:「全面調和，蓋法師
始終信持之美術觀點。」

　　本著對弘一大師的無限敬重，葉聖陶寫過悼念大師的詩:

> 華枝春滿，天心月圓。其謝與缺，罔非自然。
> 至人參化，入以涅槃。此境勝美，亦質亦玄。
> 悲欣交集，遂與世絕。悲見有情，欣證禪悅。
> 一貫真俗，體無差別。嗟哉法師，不可言說。

　　對於紀念弘一大師，葉聖陶並非只是寫詩而已。他還與

錢君匋、章錫琛、黃鳴祥、蔡吉堂
等一起支持豐子愷為弘一大師在
杭州虎跑建紀念塔的計畫， 並於
1953年合資修建，次年1月落成，
成了如今人們紀念弘一大師的重
要場所。

此外，筆者注意到，葉聖陶在
《劉海粟論藝術》的序言裡曾有這
樣的文字：

杭州虎跑弘一大師大塔。

> 我國人對人體模特兒寫生，大概是李叔同先生最早。
> 他在日本的時候畫過一幅極大的裸女油畫，後來他出
> 家了，贈與夏丏尊先生。中華人民共和國建國之初，
> 夏先生的家屬問我這幅油畫該保存在哪兒，我就代他
> 們送交中央美術學院。可惜後來幾次詢問，都回答說
> 這畫找不到了。

此段文字的第一層意思不甚準確。因為李叔同並不是中國第
一個作人體寫生的畫家（第一個用人體模特兒在中國進行美
術教學的是李叔同）。因為在他之前留日、留美的還有人在，
這些學西洋美術的中國學子應該是會早於他作人體寫生的，
所以葉聖陶本人也只是用「大概」來表述。但第二層意思則
無疑十分重要。因為李叔同的一幅「極大」的裸女油畫是葉

聖陶代夏丏尊家屬送中央美術學院保存的。然而這幅畫卻失蹤了。如果這幅極有價值的油畫確實是因為歷史變遷、政治運動等原因被毀了，自是無話可說 —— 無數中國藝術家的作品是這樣被毀的。但是如果這幅畫仍在世間，真希望「珍藏」者能以中國美術的大局為重，早日讓其「重見天日」!

晚晴山房

弘一大師一向反對別人以任何名義替他築屋，
但如今卻能同意在白馬湖建房淨修，
這是一件很有意味的事情。
弘一大師以李商隱「天意憐幽草，人間重晚晴」句意，
題名為「晚晴山房」。

　　1928年冬，劉質平、經亨頤、周承德、夏丏尊、穆藕初、朱酥典、豐子愷等七人聯合發出了〈為弘一法師築居募款啟〉，擬在浙江上虞白馬湖畔為大師築一長住居舍。

　　這啟文是這樣寫道：

> 弘一法師，以世家門第，絕世才華，發心出家，已十餘年。披剃以來，刻意苦修，不就安養；雲水行腳，迄無定居；卓志淨行，緇素歡仰。同仁等與師素有師友之雅，常已俗眼，憨其辛勞。屢思共集資財，築室迎養，終以未得師之允諾而止。師今年五十矣，近以因緣，樂應前請。爰擬遵循師意，就浙江上虞白馬湖覓地數弓，結廬三椽，為師棲息淨修之所，並供養其終生。事關福緣，法應廣施。裒賴腋集，端資眾擎。世不乏善男信女，及與師有緣之人，如蒙喜捨淨財，共成斯善，功德無量。

　　弘一大師一向反對別人以任何名義替他築屋，但如今卻能同意在白馬湖建房淨修，這是一件很有意味的事情。

　　1929年初夏，此宅在白馬湖邊竣工。此屋地處小山東麓，平房三間，緣數十級石階而上。弘一大師以李商隱「天意憐幽草，人間重晚晴」句意，題名為「晚晴山房」。這一年的農曆九月，弘一大師自溫州來此小住。大師還書寫「天意憐幽草，人間重晚晴」聯贈夏丏尊先生，自題「己巳九月曇昉，

白馬湖畔重建後的晚晴山房。

時年五十」。又書「具足大悲心」篆書五字，題記曰：「此古法卷紙也。藏於錢塘定慧寺者百年後，歸於余又十數年。爾將遠行，寫《華嚴經》句，以付後人，共珍奉焉。晚晴院沙門論月時年五十」。

弘一大師對晚晴山房顯然十分滿意。這在他給夏丏尊、豐子愷等人的信中曾多次談到過。以下便是弘一大師在這些信中關於「晚晴山房」的文字：

> 山房建築，於美觀上甚能注意，聞多出於石禪（即經亨頤——引者注）之計畫也。石禪新居，由山房望之，不啻一幅畫圖（後方之松樹配置甚妙）。彼云：曾費心力，慘淡經營。良有以也。現在余雖未能久住山房，但因寺制或有重大之變化，亦可毫無憂慮，仍能安居度日。故余對於山房建築落成，深為慶慰。甚感仁等護法之厚意也。（秋後往閩閉關之事，是為宿願，未能中止。他年仍可來居山房，終以此處為久居之地也。）以上之意，如仁者與發起諸居士及施資諸居士晤面之時，乞為代達。因恐他人以新居初成，即往他方或致疑訝者。故乞仁者善為之解釋，俾令大眾同生歡喜之心也。

一九二九年致夏丏尊

前日寄奉一函，想已收到。至白馬湖後，承夏宅及諸
居士輔助一切，甚為感謝。前者仁等來函，曾云山房
若住三人，其經費亦可足用云云。朽人因思，現在即
迎請弘祥師（即弘祥法師，弘一大師之師兄——引者
注）來此同住。以後朽人每年在外恆勾留數月，則山
房之中居住者有時三人，有時二人，其經費當可十分
足用也。仁等於舊曆九月望以後（即陽曆十月十七八
日以後）來白馬湖時，擬請由上海繞道杭州，代朽人
迎請弘祥師，偕同由紹興來白馬湖。

一九二九年致夏丏尊、豐子愷

至白馬湖後，諸事安適，至用欣慰。廁所及廚竈已動
工構造。廚房用具等，擬於明後日，請惟淨法師偕工
人至百官購買。彼有多年理事之經驗，諸事內行，必
能措置妥善也。山房可以自炊，不用侍者。今日擬向
章君處領洋十五元，購廚房用具及食用油鹽米豆等物。
其將來按月領款辦法，俟與仁者晤面時詳酌……以後
自炊之時，尊園菜蔬，由尊處斟酌隨時布施……

一九二九年致夏丏尊

當時，夏丏尊還在上海，由於身體欠佳，大師曾寫信要

求他暫時可不來白馬湖。可是，夏丏尊還是趕來了。

　　弘一大師在信中所說到的「石禪新居」就是「長松山房」。

　　「長松山房」是經亨頤在白馬湖的住所。經亨頤是教育家、社會活動家，同時也是金石書畫的愛好者。他特別喜歡松樹，曾在一幅松樹圖上題詩曰：

　　為木當作松，松寒不改容。我愛太白句，居亦曰長松。

「長松山房」今已不存，此為白馬湖畔經亨頤另一處故居。

經亨頤取屋名為「長松山房」，緣於他的寓所周圍有三棵合抱巨松，此正是弘一大師在給夏丏尊的信中所說的「後方之松樹配置甚妙」。　經亨頤顯然在松樹上寓著他自己的抱負和理想。他的另一首〈松〉詩是這樣寫的：

象崗濤聲安在哉，青青何處好栽培。聽松移向山間去，為有幽樓大廈材。

春暉中學開運動會，經亨頤也沒有忘記在發放獎品時詠上一首〈松〉詩言志：

春光猶不足耘耕，樂與長林終歲盟。管領湖山輔眾綠，欣欣益壯樹風聲。

目前，「晚晴山房」已成了白馬湖的重要人文景觀。在白馬湖，除了「晚晴山房」、「長松山房」外，還有夏丏尊的「平屋」和豐子愷的「小楊柳屋」值得一記。

「平屋」是當年夏丏尊在白馬湖時的居所。它地處春暉中學東北面，背靠小山，面對湖水。房屋按日本建築風格設計，幾間平房，樸實無華。夏丏尊將此屋取名為「平屋」，除了紀實外，多少還有平民、平凡、平淡的意思。然而，這平凡、平淡之中並非沒有情趣。朱自清在〈「海闊天空」與「古今中外」〉一文中為人們描繪了夏丏尊在「平屋」中的盆栽：

我愛白馬湖的花木，我愛S家的盆栽——這其間有詩有畫，我且說給您。一盆是小小的竹子，栽在方的小白石盆裡；細細的竿子疏疏地隔著，疏疏的葉子淡淡地撇著，更點綴上兩三塊小石頭：頗有靜遠之意。上

燈時，影子寫在壁上，尤其清雋可親。另一盆是棕竹，瘦削的竿子亭亭地立著；下部是綠綠的，上部頗勁健地坼著幾片長長的葉子，葉根有細極細極的棕絲捆著。這像一個豐神俊朗而蓄著微鬚的少年。

真虧得朱自清有如此細膩的描述。　朱自清文中的"S"即指夏丏尊先生。我們從文中已完全可以體會到，如此恬適而極具生氣的小屋是頗合白馬湖文人的趣味的。這群文人經常到夏丏尊先生的「平屋」裡去喝酒。俞平伯只在「平屋」裡吃了一頓飯，這就在他的日記裡留下了「屋頗雅潔」的評語。俞平伯後來很遺憾自己沒有更多的描述，殊不知他卻抓住了本質印象。

夏丏尊在他的名篇〈白馬湖之冬〉裡描述了他在「平屋」裡寫作的情境：

> 風颼得厲害的時候，天未夜就把大門關上，全家吃畢夜飯即睡入被窩裡，靜聽寒風的怒號，湖水的澎湃。靠山的小後軒，算是我的書齋，在全屋子中風最少的一間，我常把頭上的羅宋帽拉得低低的，在洋燈下工作至深夜。松濤如吼，霜月當窗，飢鼠吱吱在承塵上奔竄。我於這種時候深深感到蕭瑟的詩趣，常獨自撥劃著爐灰，不肯就睡，把自己擬諸山水畫中的人物，作種種幽邈的遐想。

　　夏丏尊在「平屋」裡寫下了不少作品，其中有許多就收集在他的散文集《平屋雜文》裡。他那影響甚大的譯作《愛的教育》也是在這屋裡完成的。

　　與「平屋」一牆之隔曾住過朱自清一家。朱自清到白馬湖後就把一家人都接過來了。可以想見，與夏丏尊為鄰的朱自清，他對「平屋」的印象、對夏丏尊的感情該是至深的了。朱自清在〈白馬湖〉一文中就寫到：「離開白馬湖是三年前的一個冬日。前一晚『別筵』上，有丏翁與雲君。我不能忘記丏翁，那是一個真摯豪爽的朋友。」所以，朱自清後來又作了同為〈白馬湖〉之題的長詩，仍惦念著白馬湖，惦念著「平屋」。

　　「小楊柳屋」的主人是豐子愷。按照豐子愷自己的解釋，當時之所以取屋名叫「小楊柳屋」，是因為看見有人在白馬湖邊種楊柳樹，順便向種樹人要了一株，種在寓所的牆角裡，因此就給這屋子取名為「小楊柳屋」。

　　「小楊柳屋」與劉叔琴的寓所為鄰；而夏丏尊的「平屋」還與劉薰宇的居屋為鄰，兩對房子遙遙相望，時人戲稱為「夏劉」、「豐劉」。這四家人是不分彼此的。日常用品互通有無，紹興黃酒成罈地往家裡買，輪到哪家開罈，四人便到哪家去喝酒。「小楊柳屋」也是豐子愷漫畫藝術的搖籃。在這屋裡，他在夏丏尊、朱自清的鼓勵下，開始了漫畫創作的初步。

　　弘一大師別署甚多，但五十以後，因了白馬湖畔的「晚晴山房」，他則經常以「晚晴老人」題署。至於「晚晴山房」

後來的情況，夏丏尊先生曾在1944年10月的〈「晚晴山房書簡」序〉裡有過說明：「亂後鄉村不寧，山房無人居寧，門窗磚瓦被盜垂盡，聞將成廢墟矣。」如今白馬湖畔的「晚晴山房」則是二十世紀九十年代初由上虞弘一大師研究會發起重建的。

放生與護生

弘一大師書寫至「刀」部，
忽然中止不寫了。
問其故，
答道：「刀」部之字，
多有殺傷意，
不忍下筆。

　　1929年農曆九月的一天，為祝弘一大師五十壽辰，夏丏尊、劉質平、李鴻梁等友生相聚在經亨頤先生的「長松山房」吃麵。席間，參與壽慶的紹興鄉賢徐仲蓀先生談到，他準備購買一些魚蝦在白馬湖放生。弘一大師大喜，此後便有過一篇文字優美而動情的〈白馬湖放生記〉：

　　白馬湖在越東驛亭鄉，舊名漁浦。放生之事，前未聞也。無己巳秋晚，徐居士仲蓀過談，欲買魚介放生馬湖，余為贊喜，並乞劉居士質平助之。放生既訖，質平記其梗概，余書寫二紙，一贈仲蓀，一與質平，以示來覽焉。

時分：十八年九月廿三日五更，自驛亭步行十數里到
　　　魚市，東方未明。

捨資者：徐仲蓀；佐助者：劉質平；荷者：徐全茂。
　　　以上三人偕往。

魚市：在百官鎮；品類：蝦魚等，值資八元七毫八分。

放生所：白馬湖；盛魚具：向百官面肆假用，肆主始
　　　不許，因告為放生故彼欣然。

放生同行者：釋弘一、夏丏尊、徐仲蓀、劉質平、徐
　　　全茂及夏家老僕丁錦標，同乘一舟，別
　　　一舟載魚蝦等。

放生時：晨九時一刻。

隨喜者：放生之時，岸上簇立而觀者甚眾，皆大歡喜，
　　　歎未曾有。

可以看得出來,弘一大師在寫這篇記文時可謂情緒盎然。

弘一大師對於護生同樣是十分執著。

在1927年秋的那一個月裡,豐子愷與弘一大師的交遊實在非同尋常。除了前述的種種因緣之外,他倆還醞釀了一個弘揚佛法、鼓吹仁愛、勸人從善戒殺的大計畫,這就是編繪《護生畫集》。

誤殺

水邊垂釣　閒情逸致

是以物命　而為兒戲

刺骨穿腸　於心何忍

願發仁慈　常起悲憫

弘一大師與豐子愷合作的護生畫集畫例。

第一次世界大戰後,歐洲曾出現過聲勢不小的提倡素食主義的呼聲,各種保護生靈的團體也活動頻繁。文學界的蕭伯納也是一位極具護生思想的人。有一次,一位朋友把話問到了極端的程度:

「假如我不得已而必須吃動物,怎麼辦呢?」

蕭伯納答道:「那麼,你殺得快,不要使動物多受苦痛。」

當時中國的情況其實也一樣。聲稱「為東亞提倡保護動物,宣傳素食主義之專利」的《護生報》居然還是蔣介石題寫的報頭;中國保護動物會的〈護生警語〉的第一條便是:「保護動物,是二十世紀人類祈求和平應有的認識和覺悟。」

《護生畫集》是否是在如此素食主義大潮中孕育而生的,弘一大師和豐子愷沒有正面提及,但二者間有著或多或少的聯繫則是肯定的。比如,弘一大師為《護生畫集》中「農夫與乳母」一圖配詩即曰:「西方之學者,倡人道主義。不啗老牛肉,淡泊樂蔬食。卓哉此美風,可以昭百世。」所以,就《護生畫集》本身而論,其宗旨與東西方一時興起的素食護生思潮基本一致,而作為1927年剛剛拜弘一大師為師皈依佛教的豐子愷,他是在與大師一起把《護生畫集》當作一項事業去實踐的。

在創作《護生畫集》的過程中有這樣一個事例:

1928年農曆十一月的一天,弘一大師在行船上看到一隻老鴨被關在籠子裡,據鴨主人說這老鴨肉可以治病,此鴨正是送給鄉間病者宰殺食肉的。弘一大師聽後,倍感老鴨之不幸。他於是懇請船主替老鴨乞命,並表示願意用三金贖老鴨。在他的救助之下,老鴨終於免其惡運,隨大師一同下船。事後,弘一大師特意讓豐子愷將老鴨的造型繪出,一併收入《護生畫集》。弘一大師為此畫的題詞是:「罪惡第一為殺,天地大德曰生。老鴨札札,延頸哀鳴;我為贖歸,畜為靈囿。功

德回施群生，願悉無病長壽。」

　　弘一大師對待護生的態度可謂鄭重之極。

　　在弘一大師看來，任何會引起殺生、傷生意念的物事都是殘忍的。如此大慈大悲的心懷，體現著他的高僧形象和徹底的持戒精神。

　　《護生畫集》由馬一浮先生作序。他在序言中十分感佩大師的用心：「假善巧以寄其惻怛；將憑茲慈力，消彼獷心。可謂緣起無礙，以畫說法者矣……吾願讀是畫者，善護其心！」

　　弘一大師向來把護生看作是日常生活中的一件十分重要和必須嚴肅對待的事。　細心的讀者可以在品讀豐子愷寫於1926年的隨筆〈法味〉的時候了解到這樣一個細節：

　　　七歲的P兒從外室進來，靠在我身邊，咬著指甲向兩和尚的衣裳注意。弘一師說她那雙眼生得距離很開，很是特別，他說：「蠻好看的！」又聽見我說她喜歡書畫，又喜刻石印，二法師都要她給他們也刻兩個。弘一師在石上寫了一個「月」字（弘一師近又號論月）一個「傘」字，叫P兒刻。當她側著頭，汗淋淋地抱住印牀奏刀時，弘一師不瞬目地注視她，一面輕輕地對弘傘師說：「你看，專心得很！」又轉向我說：「像現在這麼大就教她念佛，一定很好。可先拿因果報應的故事講給她聽。」我說：「殺生她本來是怕敢的。」弘一師讚好，就說：「這地板上螞蟻很多！」他的注意究竟比我們周到。

　　弘一大師持戒精神不僅表現為自己的身體力行，還表現在為讀者的考量上。他於1928年九月十二日寫信給豐子愷，闡述了他對《護生畫集》讀者對象的意見：「……今所編之《護生畫集》，專為新派有高等小學以上畢業程度之人閱覽為主。」又說：

　　　　今此畫集編輯之宗旨，前已與李居士陳說。第一，專
　　　　為新派智識階級之人（即高小畢業以上之程度）閱覽。
　　　　至他種人，只能分獲其少益。第二，專為不信佛法，
　　　　不喜閱佛書之人閱覽。（現在戒殺放生之書出版者甚
　　　　多，彼有善根者，久已能閱其書，而奉行惟謹。不必
　　　　需此畫集也。）近來戒殺之書雖多，但適於以上二種人
　　　　之閱覽者，則殊為稀有。故此畫集，不得不編印行世。
　　　　能使閱者愛慕其畫法嶄新，研玩不釋手，自然能於戒
　　　　殺放生之事，種植善根也。

　　對於惜生護生，弘一大師在日常處事過程中還有一些事例很可以說明問題。一次，弘一大師在上海，他向坊間購得仿宋活字印經典。由於覺得字體參差，行列不勻，因而發願特別書寫字模一通，以製成大小活字，用於印經。於是弘一大師依字典部首逐一書寫，聚精會神，日作數十字，偏正肥瘦大小稍不當意，即重新書寫。過了一段時日後，弘一大師書寫至「刀」部，忽然中止不寫了。問其故，弘一大師答道：

「刀」部之字，多有殺傷意，不忍下筆。可見，弘一大師的悲憫惻隱之心已到了無以復加的地步。

弘一大師在編繪《護生畫集》的過程中，不僅提出了讀者對象的意見，還意識到以藝術手段培養讀者戒殺護生的意識問題。弘一大師重視《護生畫集》，還可以從他十分關心護生畫後幾集的編繪出版中看得出來。1939年，弘一大師收到豐子愷第二集的畫稿時就曾希望將護生畫繼續下去。他給豐子愷寫信說：「朽人七十歲時，請仁者作護生畫第三集，共七十幅；八十歲時，作第四集，共八十幅；九十歲時，作第五集，共九十幅；百歲時，作第六集，共百幅。《護生畫集》功德於此圓滿。」而他在給第二集護生畫寫的跋文中又這樣說道：「己卯秋晚，續護生畫繪就，余以衰病，未能為之補題，勉力書寫，聊存遺念可耳。」此時弘一大師已年邁體虛。大師抱病書寫，可見他對護生畫的執著。對於出版後幾集的護生畫，弘一大師自知不可能活得那麼長久。為了使這一計畫順利實現，他於1941年（也就是他圓寂的前一年）先後給李圓淨和夏丏尊寫了語重心長的信，詳細交代了如何協助豐子愷提前完成作畫，再依時陸續出版的做法。他認為護生畫前兩集出版流布之後「頗能契合俗機」，希望李圓淨和夏丏尊能盡全力促成此事。弘一大師在寫了這封信後，似乎還是放心不下，又在農曆六月六日聯名給二人寫了信，十天後再次給夏丏尊去函，曰：「護生畫續編事，關係甚大。務乞仁者垂念朽人殷誠之願力，而盡力輔助，必期其能圓滿成就，感激無量。」

弘一大師一生都重視「護生」，對編繪護生畫是如此，在其他日常生活中亦是如此。比如他在1940年春寫信給妙慧法師：「茲擬做大漉水囊一件，茲送上竹圈一個，即以白布縫於此上。此竹圈，係林居士物，乞代告知，即以此贈與余，為感。送上洋一元，乞代購白布。以能漉水，而小蟲不得出者為宜。費神，至感。」大師為防傷害小蟲而將食用水用「濾水囊」濾水。此一點一滴之小事均體現了他的護生精神。

　　有些人也許在評論《護生畫集》的時候會存有一種膚淺的認識，以為護生畫中所宣揚的思想過於淺顯，弘一大師並不值得如此特別重視。這其實是不了解弘一大師的持戒精神的一種表現。陳慧劍先生在〈弘一大師戒律思想溯源〉一文中講到弘一大師宏律、持律的見地與行履時為人們歸納了很好的結論。其中他說：「處於佛門風氣陵夷的末世，佛教仍待出家人嚴持戒律才能振興；出家不僅要嚴持戒律，持一分算一分……」又說：「在佛門戒壇，應回歸本位，不要好高騖遠，不可濫傳戒法；比丘（比丘尼）受戒，或居士們受戒，不必貪多，更要明瞭每一戒的精神，能持幾戒便受幾戒；不管是出家戒、在家戒，還是沙彌戒、菩薩戒，都應隨分受。」陳慧劍先生在這裡論述了弘一大師的宏律持戒見解，我以為完全可以移用來看待大師在編繪《護生畫集》時的用心。弘一大師在受持戒律的問題上的隨分量力思想是很明顯的。他在論述佛教的十大宗派時就以為各宗派一律平等，沒有貴賤之分，大乘、小乘的信奉也因人而異，量力而持。他在《律學要略》

中也說：「應先自思量：如是諸戒能持否？萬不可受而不持！且就殺生而論，未受戒者，犯之本應有罪；若已受不殺生戒者犯之，則罪更加重一倍，可怕不可怕呢？你們試想一想，如果不能受持，勉強敷衍，實是自尋煩惱。」這些話既說明弘一大師要求受戒者遵守戒律，同時也表明了他希望出家、在家信眾在持戒問題上的量力持戒的態度。雖然只是不殺生戒，一旦持受則須嚴格遵守。這是長養慈悲心，也是弘揚佛教的途徑之一。之所以如此，弘一大師才在護生問題上一絲不苟、始終如一。常言道，涓涓細流匯大海。我們很難設想一個不在細微品行上持守的人能夠成為大德的。同理，弘一大師因為能在每一個具體的持戒問題上認真嚴格的對待，持之以恆、一以貫之，他才能成為如今被人們廣泛景仰的大德大師。綜上所述，弘一大師在編繪《護生畫集》過程中的一切用心皆體現了「蓋以藝術作方便，人道主義為宗趣」的原則。他律己嚴，亦為培養他人的愛心和持戒向佛用心良苦。

　　《護生畫集》初集於1929年2月由開明書店出版（有關《護生畫集》各集的出版始末，筆者已有專門著作出版，詳見臺北業強出版社1994年6月出版之《功德圓滿 —— 護生畫集創作史話》一書）。畫集出版以後，社會反響熱烈。尤其是在佛教界，更是廣泛流傳，諸如大中書局、大法輪書局、大雄書局、佛學書局等相繼印行，一時其版本有十五種之多。其中有的注明出版單位，有的沒有版權頁可考。而就印數而言，每版少則一千五百本，多則五千本（這在當時，其印數已是十分

可觀的了），這些數字相加，《護生畫集》流布之廣可想而知。
中國保護動物會還發行了由黃茂林翻譯的英譯本，此外也有
日譯本發行。直至今日，《護生畫集》仍在佛教界內外不斷地
以各種形式出版發行，並且也有採用《護生畫集》為藍本，
配以其他文字宣傳或製成書籤、禮卡等以在更大的範圍內流
傳，有的還別出心裁，將《護生畫集》中的詩文譜曲傳唱。
這些事實足以說明《護生畫集》的長久生命力。同時，也為
人們從一個側面了解體會弘一大師的持戒精神提供了幫助。

　　自從弘一大師於1928年秋赴上海為商討《護生畫集》而
與豐子愷再度朝夕相處後，他倆似乎沒有再見面的機緣了。
因為弘一大師於1932年11月起正式定居閩南。這之前他雖然
在1929年10月和1932年秋到上海，並於1932年10月在滬乘船
赴閩，但我們無法找到此期間他倆有過交往的史料。

　　弘一大師赴閩後不久，豐子愷便在故鄉石門灣建起了「賦
了形」的緣緣堂。從1933年春落成到1937年底，豐子愷一直
住在那裡。抗戰爆發後，豐子愷不得已棄堂避寇內地，開始
了艱苦而漫長的逃難生活。豐子愷雖然率領一家老小逃難內
地，但他仍記掛著弘一大師。1938年7月初，他在桂林寫了一
封信給處在福建的弘一大師，希望他能夠來內地與自己一起
生活，由他來供養大師的生活。弘一大師收到此信後，雖為
豐子愷的一片誠心所感動，但他仍決定留在閩南。他給豐子
愷的回信中說道：「朽人年來，已老態日增，不久即往生極樂。
故於今春在泉州及惠安盡力宏法，近在漳州亦爾。猶如夕陽，

殷紅絢彩，瞬即西沉。吾生亦爾，世壽將盡，聊作最後紀念
……」

　　1939年，豐子愷為紀念大師六十壽辰，開始著手繪製護
生畫的續集。他將六十幅畫繪作完畢，由宜山寄往泉州，請
大師配上文字。弘一大師見續集已繪出，非常欣喜，於是他
便有了要求豐子愷作六集護生畫的信。豐子愷收到此信後就
想，其時寇勢凶惡，自己流亡在外，命運生死難卜。但大師
既已有此囑，又豈敢不從呢？因此他在回信中表示：「世壽所
許，定當遵囑。」

　　弘一大師於1942年10月13日在泉州圓寂。豐子愷獲知此
消息是在大師西逝後的第五天——1942年10月18日的早晨
——當時他正在整理行裝準備到重慶的國立藝術專科學校任
教，郵差送來了泉州開元寺性常法師發來的電報。

　　豐子愷收到電報後，悲傷地沉默了幾十分鐘。然後，他
發了一個願，即決定替弘一大師畫像一百幅。這回畫弘一大
師像，他自認是心最誠而情最切的。他在〈為青年說弘一法
師〉中說：這些畫，「為欲勒石，用線條描寫，不許有濃淡光
影。所以不容易描得像。幸而法師的線條畫像，看的人都說
『像』。大概是他的相貌不凡，特點容易捉住之故。但是還有
一個原因：他在我心目中印象太深之故。我自己覺得，為他
畫像的時候，我的心最虔誠，我的情最熱烈，遠在驚惶慟哭
及發起追悼會、出版紀念刊物之上。」

　　豐子愷沒有忘記弘一大師的囑託。他後來果真在十分艱

難困苦的條件下完成了護生畫全部六冊的創作。

　　對於弘一大師的西逝，豐子愷始終是很理智的。他沒有立即寫文悼念，也沒有為之發起、主持過任何形式的追悼大會，只是在1943年3月寫了那篇〈為青年說弘一法師〉。在這篇文章中，豐子愷對自己的所作所為作了這樣的解釋：「弘一法師是我的老師，而且是我生平最崇拜的人。如此說來，我豈不太冷淡了麼？但我自以為不是。我敬愛弘一法師，希望他在這世間久住，但我確定弘一法師必有死的一日，因為他是『人』，不過死的時日遲早不得而知。我時時刻刻防他死，同時時刻刻防我自己死一樣。他的死是我意料中事，並不出於意料之外，所以我接到他死的電告，並不驚惶，並不慟哭。老實說，我的驚惶與慟哭，在確定他必死的一日之前早已在心中默默地做過了。」

　　又過了四年，在這期間，豐子愷仍然沒有就弘一大師再寫過什麼文字。一直到1947年，福建的劉綿松居士編輯《弘一大師全集》時，豐子愷才因其詞意非常誠懇而寫了不足千字的短序。按理，為弘一大師的全集寫序，總該詳細談他與弘一大師的因緣了，但是豐子愷仍然不願詳談。他躊躇了很久，方才動筆，勉強來贊一詞：

　　　　我崇敬弘一法師，為了他是「十分像人的一個人」。凡
　　做人，當初，其本心未始不想做一個十分像「人」的
　　人；但到後來，為環境，習慣，物欲，妄念等所阻礙，

往往不能做得十分像「人」。其中九分像「人」，八分
像「人」的，在這世間已很偉大；七分像「人」，六分
像「人」的，也已值得讚譽；就是五分像「人」的，
在最近的社會裡也已經是難得的「上流人」了。像弘
一法師那樣十分像「人」的人，古往今來，實在少有。
所以使我十分崇仰。至於怎樣十分像「人」，有這全集
表明，不須我再多費詞了。我自己，也是一個心想做
到十分，而實際上做得沒有幾分像「人」的人，所以
對於弘一法師這樣崇高偉大的人格，實在不敢贊一詞
……

　　豐子愷這番話看似抽象籠統，然而細細想來，確實也至
情至理。文中所體現出來的正是豐子愷對這位最崇敬的弘一
大師一種無以言喻的崇拜。豐子愷所謂十分像「人」的人，
是一種具有不趨炎附勢的，對理想、事業始終如一且具有一
種清高至潔、溫柔敦厚的品性的人。在這方面，弘一大師是
最好的典範，或許還有更多無可形容的超人品格與脫俗超凡
之處。這種品格，簡直令豐子愷這樣一位行文遣詞的文章高
手也難以明言。這才使他乾脆免去一切多餘的解釋，以一個
最像「人」的人來含括一切了。
　　然而，豐子愷與弘一大師的因緣實在是太深了，他無論
如何也無法迴避他對弘一大師的評價。於是，1948年11月他
在廈門的時候，他曾應邀為廈門佛學會作過一次題為〈我與

弘一法師〉的演講，在這次演講中，他便提出了所謂的「三層樓喻」：

> 他是怎麼由藝術昇華到宗教呢？當時人都詫異，以為李先生受了什麼刺激，忽然「遁入空門」了。我卻能理解他的心，我認為他的出家是當然。我以為人的生活，可以分作三層：一是物質生活，二是精神生活，三是靈魂生活……弘一法師的「人生欲」非常之強！他的做人，一定要做得徹底。他早年對母盡孝對妻盡愛，安住在第一層中。中年專心研究藝術，發揮多方面的天才，便是遷居在二層樓了。強大的「人生欲」不能使他滿足於第二層樓，於是爬上三層樓去，做和尚、修淨土、研戒律，這是當然的事，毫不足怪的……

自從豐子愷提出「三層樓喻」後，他筆下關於弘一大師的文字就多起來了。許多文章為後人研究弘一大師提供了第一手資料。1949年6月20日，他為《前塵影事集》作序。1957年，他編了《李叔同歌曲集》。1962年又編了《弘一大師遺墨》、1964年整理當年夏丏尊編的《李息翁臨古法書》編成《弘一大師遺墨》的續集等等。1949年後，豐子愷曾一度為在杭州建弘一大師紀念塔而努力。幾經周折，後終於在1954年1月與友人一起在杭州虎跑後山立起了弘一大師舍利塔。此外，豐子愷也確實在他的有生之年實現了他自己曾對大師許下的諾

言：「世壽所許，定當遵囑。」完成了護生畫的全部六集的創作。

　　最後，值得一提的是豐子愷對弘一大師的絕筆「悲欣交集」有他自己的獨特見解。1948年5月6日他在杭州給班侯居士寫過一封信，信中說：

　　　大師絕筆「悲欣交集」，足下以為悲是「慈悲」之悲，欣是「載欣載奔」之欣，自是一種看法。弟之所見，則略有不同：弟以為此四字義甚簡明。與娑婆世界離別是悲，往生西方是欣……則雖有悲情，乃假悲，非真悲也。「假悲」二字，易被淺見者誤解為不道德，則宜改稱「幻悲」，「虛空的悲」。蓋與極短暫之幻象別離，本不足悲也。欣則是真欣。涅槃入寂，往生西方，成就正覺，豈非最可欣之事？……自古以來，高僧大德，未有能在往生時道出此四字者。於此足證弘一大師之無上智慧……

　　豐子愷如此見解，似乎也是頗值得玩味的。

禪趣與禪機

理是可以頓悟的，
事非腳踏實地去做不行。
理和事相應，
才是真實工夫，
事理本來是不二的。

　　1929年，夏丏尊以所藏弘一大師在俗時所臨各種碑帖準備以《李息翁臨古法書》之名由上海開明書店發行。夏丏尊請弘一大師自己寫一篇序言，大師答應了，並表示一定在年內寫畢奉寄。

　　這一年的秋後，弘一大師要離開白馬湖到溫州去。臨行前，夏丏尊邀請他乘一小舟遊覽白馬湖風景。

　　天氣很好，可謂秋高氣爽。

　　他倆在船中閒談，話題觸及明代高僧蕅益大師。夏丏尊知道，弘一大師在當代僧人中最推崇印光大師，而對於前代，則最欽服蕅益大師。夏丏尊自己也讀過蕅益大師的著作，據說他二十幾歲以前原是一個竭力謗佛的儒者，後來發心重注《論語》，注至〈顏淵問仁〉一章，再也不能下筆，於是就出家了。

　　「《四書蕅益解》前幾個月已經出版了。有人送我一部，我也曾快讀過一次。」弘一大師說。

　　夏丏尊想到注《論語》的事，就好奇地問：

　　「蕅益的出家，據說就是為了注『四書』，他注到〈顏淵問仁〉一章時據說不能下筆，這才出家的，《四書蕅益解》不知對〈顏淵問仁〉注什麼話呢？我倒想看看。」

　　「我曾翻過一翻，似乎還記得個大概。」大師說。

　　「大意如何？」夏丏尊急於想知道。

　　這時弘一大師笑了，問：

　　「你近來怎樣？還是惟心淨土嗎？」

　　夏丏尊不敢說什麼，只是點頭。弘一大師微笑著說：

　　〈顏淵問仁〉一章，可分兩解看。孔子對顏淵說：『克己復禮』。只要『克己復禮』本來具有的，不必外求為仁。就是說『仁』是就夠了，和你所見到的惟心淨土說一樣。但是顏淵還要『請問其目』，孔子告訴他『非禮勿視，非禮勿聽，非禮勿言，非禮勿動』，這是實行的項目。『克己復禮』是理，『非禮勿視』等等是事。所以顏回下面有『請事斯語矣』的話。理是可以頓悟的，事非腳踏實地去做不行。理和事相應，才是真實工夫，事理本來是不二的。——蕅益注〈顏淵問仁〉章大概如此吧，我恍惚記得是如此。」

　　「啊，原來如此。既然書已經出版了，我想去買來看看。」夏丏尊聽了弘一大師之言，似乎深信不疑。

　　「不必去買了，我此次到溫州去，就把我那部寄給你吧。」

　　弘一大師離開白馬湖不到一個星期，就把《四書蕅益解》寄來了，書的封面上用端正的楷書寫著「寄贈丏尊居士」。

　　夏丏尊迫不及待地去翻〈顏淵問仁〉一章，翻到後一看大吃一驚。原來蕅益大師在這一章裡只在「回雖不敏，請事斯語矣」下面注著「僧再拜」三字，其餘只錄白文，並沒有說什麼，出家前不能下筆的地方，出家後也似乎仍是不能下筆。所謂「事理不二」等等的說法，原來全是弘一大師針對了夏丏尊自己的病根臨時為他編出的「講義」!

　　大師的禪趣委實讓夏丏尊歎服。

　　弘一大師出家後，屢屢勸導夏丏尊歸心向佛。而夏丏尊

自己的感觸則是：「佛學於我向有興味，可是信仰的根基迄今遠沒有建築成就。平日對於說理的經典，有時感到融會貫通之樂，至於實行修持，未能一一遵行。例如說，我也相信惟心淨土，可是對於西方的種種客觀的莊嚴尚未能深信。我也相信因果報應是有的，但對於修道者所宣傳的隔世的奇異的果報，還認為近於迷信。」

像夏丏尊所說的這些事，早在弘一大師初出家的時候，他倆曾經一起討論過。當時弘一大師提醒他過於執著於「理」而忽視了「事」，為他解說過「事理不二」的法門。但是後來夏丏尊依照弘一大師的指教研讀了幾部經書後，還是覺得格格不入。這就難怪弘一大師要用禪機來開導他了。弘一大師的誘導在夏丏尊來說是終身難忘的。幾年以後，夏丏尊寫了一篇文章來記述此事，文章的題目居然就是〈我的畏友弘一和尚〉。

弘一大師後來終於寫了《李息翁臨古法書》的序言。序言寫道：「居俗之日，嘗好臨寫碑帖。積久盈尺，藏於丏尊居士小梅花屋，十數年矣。爾者居士選輯一帙，將以鋅版示諸學者，請余為文冠之卷首。夫耽樂書術，增長放逸，佛所深誡。然研習之者能盡其美，以是書寫佛典，流傳於世，令諸眾生歡喜受持，自利利他，同趨佛道，非無益矣。冀後之覽者，咸會斯旨，乃不負居士倡布之善意耳。」

實際上，此文也很可以為人們理解弘一大師出家後熱中於書法的原因。

　　夏丏尊則有一篇〈「李息翁臨古法書」跋〉。跋文寫道：
弘一大師「才華蓋代，文學演劇音樂書畫靡不精。而書名尤
藉甚，胎息六朝，別具一格。雖片紙，人亦視如瑰寶。居常
雞鳴而起，執筆臨池。碑版過眼便能神似。所窺涉者甚廣，
尤致力於《天發神讖》、《張猛龍》及魏齊造像，摹寫皆不下
百餘通焉。與余交久，樂為余作書，以余之酷嗜其書也。比
入山，盡以習作付余。伊人遠矣，十餘年來什襲珍玩，遐想
舊遊，輒為悵惘。近以因緣，復得親近。偶出舊藏，共話前
塵，乃以選印公世為請，且求親為題序……」。

　　這兩個人實可謂情有獨鍾了。

亦性亦理

撫今追昔,
竟連弘一大師也「潸然淚下」了。
只是弘一大師畢竟是高僧,
他與夏、經二位的傷感所不同的是,
他還能在這樣的情境下寫下了《仁王般若經》中的偈句。

在李叔同任教浙江省立第一師範學校時，經亨頤是該校的校長，彼此之間關係密切。後來，經亨頤去上虞任春暉中學校長，1928年他又與夏丏尊、豐子愷、劉質平等人募款在白馬湖畔築一精舍供弘一大師長住。從他撰寫的《弘一上人手書・華嚴集聯三百跋》裡可以看出，經亨頤對弘一大師確是很尊敬的。他是這麼寫的：

……余曩任浙江師範於民國元年，聘上人掌音樂圖畫，教有特契。藝術之交，亦性理之交也。劉子質平，習於斯凡五年，音樂具夙睿，上人盡授之。今以斯立於世，上人之賜也。上人性本淡泊，卻他處厚聘，樂居杭。「一半勾留是此湖」；而其出家之想，亦一半是此湖也。迨七年秋，毅然入山剃度，身外物盡俾各友，余亦得畫一幀，永為紀念。旋余亦離杭，自此與上人相見遂不易。計自出家，忽忽已十四載。其間二次晤於白馬湖。上人以此處堪長在，愛上人者為築「晚晴山房」於山之麓。余亦居於長松下，顏曰「長松山房」，上人曾納齋於其中。余適以鸞碑古詩聯遣興，上人見而稱可。今上人於誦經之餘，亦集聯成巨冊，質平寶之，囑題以永藏，並誌余與上人質平三人之緣如此。

關於聘請李叔同來杭州任教，同事姜丹書的記述是這樣的：「方清之季，國內藝術師資甚稀，多延日本學者任教。余

先民國一年受聘入是校（浙江兩級師範），而省內外各校缺乏藝師也如故。於是校長經子淵氏因事制宜，特開高師圖畫手工專修科，延聘上人主授是科圖畫及全校音樂。上人言教之餘，益以身教，莘莘學子，翕然從風。」

李叔同當年到杭州任教，其實也是有條件的。但是經亨頤慧眼識才，終於還是答應了。

李叔同的條件是什麼呢？

原來，經亨頤請李叔同來杭州任教，李叔同提出了設備方面的條件。他的要求是每個學生要有一架風琴，繪畫教室要有石膏頭像、畫架等，而且是缺一不可。經亨頤聽了後頗為為難。學校當下缺錢、市上缺貨，他哪裡能滿足這一要求？以為李叔同的這個要求實在是太高了。可是李叔同的答覆是：學生出校後是要去教唱歌的，不會彈琴不行，而且教課時間有限，練習全在課外，「你難辦到，我怕從命」。經亨頤無奈，只好想盡一切辦法採購，結果是為學校配置了大小風琴二百架。這個數字雖距離李叔同的要求還差一半，但也已排滿禮堂的四周、自修室和走廊。經亨頤讓李叔同來查看，終於獲得「通過」。

從以上這件事來看，經亨頤確是對李叔同有一種絕對信任的情結，如果不是這樣，他絕對是不會那樣做的。好在李叔同沒有辜負這位校長的一番情誼和器重，他培養出來的學生，足可以讓任何人刮目相看的。

1925年弘一大師被夏丏尊邀請到白馬湖的時候住的是

「春社」。後來他到了溫州,並於10月間於夜夢中夢見在白馬湖「春社」晤經亨頤先生,見几上有白玉鏡,將鐫字其上,曰「石禪□□碑」,惟中二字,闕而不具,他以「皈佛」二字補之。弘一大師醒後曾作〈石禪皈佛碑〉,並贈送給了經亨頤。這〈石禪皈佛碑〉是這麼寫的:

> 歲在星紀(1925年——引者注)十月十六日後夜,晨鐘既鳴,余復假寐。夢在白馬湖「春社」,晤頤淵居士。几上有白玉鏡,高二寸餘,晶瑩光潔,上右棱少圓,他悉方角。居士謂將鐫字其上,曰「石禪□□碑」,隸書直寫,體近寶子;惟中二字,闕而不具。種種擬議,訖未適當。余乃勸以「皈佛」補之。居士問其義,余為釋曰:皈與歸同,回向之義。昔學孔老,今歸佛法。猶面東者,轉而西向。余復轉旋其身,示彼形狀。居士見之,踴躍稱善。余夢遂醒,鐘聲猶未絕也。朝曦既上,追憶夢中形狀、語言,濡筆記之。並圖鏡形,以奉居士。夢中言狀,一切如實,未增減,冀以存其真也。

　　弘一大師出家後屢勸平生好友念佛、禮佛、皈佛,他居然在睡夢中還想著規勸別人皈佛。

　　經亨頤是他出家前交遊密切的人物之一,而且還曾是他的上司。弘一大師的這一夢中規勸,或有另一種意味在裡面。

因為，經亨頤不像夏丏尊，他的思想更有其理性的一面，其
對待弘一大師，當年的李叔同的出家自然也就有了認知上的
兩面性。李叔同出家時，他是浙江省立第一師範學校的一校
之長。教師中出現李叔同皈依、出家之事，他不能不在學校
裡有所表示。好在浙江古籍出版社於1984年出版了浙江圖書
館藏稿本《經亨頤日記》，而日記起訖時間又恰好是在李叔同
出家前後，其中所記有關李叔同的部分，值得作一介紹。

　　1917年2月4日記：

　　　　晴而有雲，太陽時現，又甚寒。上午赴校，與李叔同
　　　　論畫。近得肖俊賢寫梅花一幀，余謂天資尚不及朽道
　　　　人。但時人之舉，如肖君已列上乘，此外，如吳待秋
　　　　亦尚可……

　　從這段日記中可以看出經亨頤與李叔同相處十分融洽和
諧，但還體味不出李叔同的出世思想。其實此時的李叔同已
經常去杭州虎跑寺習靜了。日記中所講的「朽道人」即李叔
同的好朋友，著名畫家陳師曾。

　　1918年4月7日記：

　　　　陰，晴。八時，李叔同偕上海城東女學校長楊君來談，
　　　　攜有學生書畫成績，索余題署，稍坐即去……

　　這裡提到的「楊君」即楊白民先生，他是李叔同的上海好友。李叔同出家前，很長一段時間裡是把他留在上海的日籍妻子託給楊白民照顧的。此時李叔同即將出家。楊白民此時來杭州，除了經亨頤日記中所透露的信息外，恐怕總也與李叔同的信佛、出家有關係。

　　1918年6月30日記：

> ……下午五時又至校，校友會為畢業生開送別會，余述開會辭，隱寓李叔同入山，斷絕之送別，非人生觀之本義……

　　1918年7月8日記：

> ……晚間與金甥稚（此次畢業後寓余處已數日）談李叔同入山事……

　　這兩則日記寫於李叔同離校出家前夕，日記所述內容正是李叔同決意出家後校園中的氣氛寫照。而在7月10日的日記中，經亨頤記錄了他自己對此事的態度：

> 晴。九時赴校行終業式。反省此一年間，校務無所起色。細察學生心理，尚無自律精神，宜稍加干涉。示範訓諭之功，固不易見，以空洞人格之尊，轉為躐等

> 放任之弊。漫倡佛說，流毒亦非無因。故特於訓辭表
> 出李叔同入山之事，可敬而不可學，嗣後宜禁絕此風，
> 以圖積極整頓……

　　看得出來，李叔同的信佛、出家在學校裡是引起很大反響的，以致使經亨頤也為「漫倡佛說」而決心「嗣後宜禁絕此風」了。據浙江省立第一師範學校1918年秋季新生沈本千先生回憶說，他當時在學校時經亨頤校長也在全校大會上訓話，並以「李先生事誠可敬，行不可法」為辭來告誡學生。沈本千入校時李叔同已經出家，可見經亨頤這個決心是很大的，以致他不斷地在告誡學生。平心而論，作為一校之長，經亨頤的態度無疑是可以理解的。所謂「可敬而不可學」，這本身也表明了他自己對李叔同出家的同情。

　　令人遺憾的是，由於7月11日是學校放暑假的第一天，經亨頤在記完這一天的日記後便沒有續記下去，直到10月17日他才重新開始寫日記。人們現在對李叔同出家時學校裡的情況不得而知，若經亨頤當時在學校裡，並繼續寫日記的話，那就一定能為後人留下更多的寶貴史料了。比如，現在人們對李叔同出家當天是誰送行的有兩種說法。這兩種說法來自兩種不同的資料。一是嘯月在《弘一大師永懷錄·傳三》中所說，李叔同離校那天謝絕了其他人的送行，只帶著替他挑行李的校工聞玉同往；二是豐子愷在〈為青年說弘一法師〉一文中說當時是由他和葉天底、李增庸三個學生送行的。

　　1930年夏丏尊在自己四十五歲生日時曾邀請經亨頤、弘一大師在白馬湖吃素餐。為了替夏丏尊祝壽，經亨頤有一畫贈之，並題曰：「清風長壽，淡泊神仙，十九年六月，丏尊老兄四十五生辰，頤淵寫此為祝。」弘一大師則有〈題經亨頤贈夏丏尊畫記〉，並為寫《仁王般若經》偈貽之。全文如下：

　　庚午五月十四日，丏尊居士四十五生辰，約石禪及余至小梅花屋共飯蔬食，石禪以酒澆愁。酒既酣，為述昔年三人同居錢塘時，良辰美景，賞心樂事，今已不可復得。余乃潸然淚下，寫《仁王般若經》苦空二偈貽之：

　　　　生老病死，輪轉無際。事與願違，憂悲為害。
　　　　欲深禍重，瘡疣無外。三界皆苦，國有何賴？
　　　　有本自無，因緣成諸。盛者必衰，實者必虛。
　　　　眾生蠢蠢，都如幻居。聲響皆空，國土亦如。

　　　　永寧沙門亡言，時居上虞白馬湖晚晴山房

　　可見，這個時候的經亨頤顯然已不是李叔同初出家時的經亨頤了。同時，人們從弘一大師這段題記中也可以很清楚地看到，弘一大師、夏丏尊和經亨頤這三人的友情是十分深厚的，當年在杭州做同事的那段時日對他們來講是多麼令人懷念，多麼值得珍視。撫今追昔，竟連弘一大師也「潸然淚

下」了。只是弘一大師畢竟是高僧，他與夏、經二位的傷感所不同的是，他還能在這樣的情境下寫下了《仁王般若經》中的偈句。

湖畔遺囑

碼頭上，
師生二人百感交集，
相擁而泣。
這一幕，
這一驚世駭世之舉，
讓所有目擊者目瞪口呆。

　　弘一大師住進「晚晴山房」後，夏丏尊從上海來看望他。由於夏丏尊自己有感於身體狀況不好，推己及人，他倒擔心起弘一大師的健康了。有一日，夏丏尊憂心忡忡地問大師：萬一有不諱，像臨終呀、入龕呀、荼毗呀，有關這方面的規矩，我全是外行，這可怎麼是好？

　　夏丏尊的意思是萬一弘一大師圓寂，後事該如何辦理。弘一笑曰：「我已寫好了一封遺書在這裡，到必要時會交給你。如果你在別地，我會囑你家裡發電報叫你回來。你看了遺書，一切照辦就是了。」

　　其實，當時的弘一大師未必一定已把遺書寫好。因為我們至今沒有見到有這麼一份在白馬湖寫給夏丏尊的遺囑。

　　然而在白馬湖，弘一大師還確實寫過一份遺囑。只是不是寫給夏丏尊的而是寫給劉質平的。

　　這是1931年的事。該年陝西發生大旱災，寧波白衣寺主持安心頭陀來到白馬湖，請弘一大師赴西安去主持一次法會。其時，弘一大師住距白馬湖不遠的法界寺，且正在病中。由於安心頭陀的堅請，為了替眾生祈福，弘一大師終於還是答應了。弘一大師對自己的健康狀況十分清楚，他知道，西安距離浙東路途遙遠，且西北部的寒冷氣候亦非一般體弱之人所能承受。他已答應安心頭陀，看來不得不作此行的準備。因此，他鄭重地寫了一份遺囑及一張便條，託人帶給正在寧波第四中學任教的劉質平。

　　便條如此寫道：

第四中學教員

劉質平先生

　　安心頭陀匆匆來此，誓約余同往西安一行。義不容辭。余準於星期六（即二日）十一時半到寧波。一切之事當與仁者面談。

　　　　　　　　　　　　　　　　　弘一上

遺囑如下：

劉質平居士披閱：

　　余命終後，凡追悼會、建塔及其他紀念之事，皆不可做。因此種事，與余無益，反失福也。

　　倘若做一事業與余為紀念者，乞將《四分律比丘戒相表記》印二千冊。

　　以一千冊，交佛學書局（閘北新民路國慶路口【即居士林旁】）流通。每冊經手流通費五分，此資即贈與書局。請書局於《半月刊》中，登廣告。

　　以五百冊，贈與上海北四川路底內山書店存貯，以後隨意贈與日本諸居士。

　　以五百冊分贈同人。

　　此書印資，請質平居士籌集。並作跋語，附印書後，仍由中華書局石印。（乞與印刷主任徐曜塍居士接

洽。一切照前式，惟裝訂改良。）

　　此書原稿，存在穆藕初居士處。乞託徐曜堃往借。

　　此書可為余出家以後最大之著作，故宜流通，以
為紀念也。

弘一書

　　劉質平收到弘一大師的便條和遺囑大吃一驚，他計算時
間，目前趕往白馬湖顯然已經來不及，且知大師辦事一向認
真，一旦答應要做的事，他是一定會去實行的。劉質平是弘
一大師的大弟子，他哪能眼看著老師就這麼帶著病體趕赴遙
遠的西北。於是，劉質平逕直趕赴寧波海輪碼頭，他決心一
定要阻止這計畫。

　　於是，輪船碼頭上就出現了一幕驚心動魄的救師行動。
劉質平來到碼頭的時候，弘一大師已跟著安心頭陀上船了。
船將啟航，劉質平直衝上船，一層一層地尋找，終於在艙房
裡見到了弘一大師。只見他不由別人分說，背起大師就走，
一口氣將大師從客輪的第三層背下船來。碼頭上，師生二人
百感交集，相擁而泣。

　　這一幕，這一驚世駭俗之舉，讓所有目擊者目瞪口呆。

　　至於弘一大師在1942年臨終前所寫的遺囑，這是目前許
多人都熟知的。那時，弘一大師感到直奔西天之時已近，分
別給夏丏尊、劉質平寫下了同樣的兩份遺書。遺書的內容是

這樣的：

> 朽人已於九月初四日遷化。曾賦二偈，附錄於後：
> 　君子之交，其淡如水。執象而求，咫尺千里。
> 　問余何適，廓爾亡言。華枝春滿，天心月圓。
> 謹達，不宣。
> 前所記月日，係依農曆。又白。

　　1942年10月31日這一天上午，夏丏尊依例要到開明書店去辦事。才坐定，有人就送來了一封信，且笑嘻嘻地對夏丏尊說：「弘一法師又有掛號信來了。」往日，凡有弘一的信來，夏丏尊都會讓書店同人一起看的。這次也一樣。可是，當他抽出信紙來讀時，大家都驚呆了：「朽人已於……」夏丏尊怎麼也想不通，「遷化」的消息如何會由「遷化」人自己來報道呢？再仔細一看，遺書上的「九」、「初四」三字是用紅筆寫的，似乎不是弘一的親筆，像是別人填上去的。就在這時，有人又從信封裡抽出了附件，一件是泉州大開元寺性常法師的信，說弘一大師已於九月初四日下午八時圓寂，遺書是由他代寄的。另一件是剪下的泉州當地報紙，其中關於弘一大師臨終經過有詳細的記載。夏丏尊這時才不得不相信，這平生的摯友——弘一大師確實是圓寂了。

　　他，弘一大師，終於走完了他那多彩多姿的人生之路，去了他要去的極樂世界。

　　弘一大師圓寂後，夏丏尊顧不上自己體弱多病，為紀念
弘一大師做了許許多多的工作。他先後撰寫了〈懷晚晴老人〉、
〈弘一大師的遺書〉等悼念文章。1943年3月，他又為《晚晴
老人講演集》作了題記；1943年初冬，上海大雄書局出版了
《弘一大師永懷錄》，書中皆為文化界、佛教界人士回憶大師
的文章和詩詞。夏丏尊德高望重，為之作了序言；1944年秋，
開明書店出版了《晚晴山房書簡》（第一輯），由夏丏尊、李
芳遠集稿，其中弘一致夏丏尊函就有九十五通之多。

　　夏丏尊在《弘一大師永懷錄》序言中的一席話道出他對
這位摯友發自內心的評價：

> ……綜師一生，為翩翩之佳公子，為激昂之志士，為
> 多才之藝人，為嚴肅之教育者。為戒律精嚴之頭陀，
> 而卒以傾心西極，吉祥善逝。其行跡如真而幻，不可
> 捉摸，殆所謂遊戲人間，為一大事因緣而出世者。現
> 種種身，以種種方便而作佛事，生平不畜徒眾，而攝
> 受之範圍甚廣。

1946年4月23日，夏丏尊在上海逝世。

情同父子

劉質平冒著風雪大寒準時赴約,

且待在教室門外等候達十分鐘之久,

李叔同認為他是一個肯吃苦的學生,

心裏十分滿意。

他倆師生情誼日深。

　　在寧波海輪碼頭營救弘一大師的劉質平與豐子愷一樣，是李叔同在浙江省立第一師範學校教書時的得意門生。他擅長音樂，1916年在李叔同的鼓勵下留學日本，回國後長期從事藝術教育事業，曾是山東師範大學藝術系教授，1978年在上海逝世。

　　李叔同看中劉質平，曾有一段富有傳奇式的故事。

　　1912年冬的一天，身為學生的劉質平寫下了平生第一首歌曲。這天適逢天下大雪，但劉質平還是興奮地將作品拿去給李叔同看。但見李叔同細閱一過，若有所思，並注視學生良久。劉質平以為老師怪罪自己急於求成，正在羞愧之中，忽聽李叔同說道：「今晚八時三十五分，赴音樂教室，有話講。」

　　晚上，雪越下越大，不時還颳著狂風。劉質平準時赴約，可他走到教室的走廊時，看見地上已有足跡；再抬頭看看教室，室內一片漆黑，沒有一點聲響。於是，劉質平就一個人站在門外廊前等候。三分鐘、五分鐘、十分鐘，忽然，教室內燈光突然亮了起來，教室的門也開了，從裡面走出來的不是別人，正是早已到來的老師李叔同。只見李叔同手持一錶，說相約時間無誤，並告訴劉質平現在可以回去了。

　　劉質平沒有想到，李叔同這是在考驗他的待事是否守信認真。是晚劉質平冒著風雪大寒準時赴約，且待在教室門外等候達十分鐘之久，李叔同認為他是一個肯吃苦的學生，心裡十分滿意。從此，他倆師生情誼日深。李叔同不僅自己每週課外單獨指導他兩次，還特意介紹他到當時在杭州的美籍

鮑乃德夫人處學鋼琴。

　　劉質平後來成了在中國現代音樂教育史上留下名字的人物，這當與李叔同對他的早期教育有關。不過，李叔同像對待他的另一個學生豐子愷一樣，他對劉質平的教育仍是重「器識」，其次才是重「文藝」。

　　1915年秋，劉質平因病休學住在老家，心情十分苦悶。李叔同就去信安慰、鼓勵道：「人生多艱，『不如意事常八九』，吾人於此，當鎮定精神，勉於苦中尋樂；若處處拘泥，徒勞腦力，無濟於事，適自苦耳。吾弟臥病多暇，可取古人修養格言（如《論語》之類）讀之，胸中必另有一番境界。」

　　劉質平於1916年夏畢業後在李叔同的鼓勵下去了日本。李叔同在給他的信中仍殷切告誡他為人處事的準則。這些準則共有六條：

　　　　（一）宜重衛生，俾免中途輟學……；
　　　　（二）宜慎出場演奏，免人之嫉妒……；
　　　　（三）宜慎交遊，免生無謂之是非……；
　　　　（四）勿躐等急進……；
　　　　（五）勿心浮氣躁……；
　　　　（六）宜信仰宗教，求精神上之安樂……。

　　不久，劉質平在彈奏〈貝多芬鋼琴曲〉時產生了畏難情緒，又擔心報考正規音樂學校時落榜，有負老師栽培。李叔

同在信中又是側重心志的清正：

> ……愈學愈難，是君之進步，何反以是為憂！B氏曲君
> 習之，似躐等，中止甚是。試驗時宜應試，取與不取，
> 聽之可也。不佞與君交誼至厚，何至因此區區云對不
> 起？但如君現在憂慮過度，自尋苦惱，或因是致疾，
> 中途輟學，是真對不起鄙人矣。從前鄙人與君函內解
> 勸君之言語，萬萬不可忘記，宜時時取出閱看。能時
> 時閱看，依此實行，必可免除一切煩惱。從前牛山充
> 入學試驗，落第四次，中山晉平落第二次，彼何嘗因
> 是灰心？……

1917年，劉質平考入東京音樂學校。可是他又為學費而苦惱起來。李叔同曾為他申請過官費，但沒有成功。接著劉質平家中亦宣布要中止資助。在這種情況下，李叔同毅然決定解囊相助，並給學生立下了規矩：

一、此款係以我輩之交誼，贈君用之，並非借貸與君。
　　因不佞向不喜與人通借貸也。故此款君受之，將
　　來不必償還。

二、贈款事只有吾二人知，不可與第三人談及。家族
　　如追問，可云有人如此而已，萬不可提出姓名。

三、贈款期限，以君之家族不給學費時起，至畢業時

　　　止。但如有前述之變故，則不能贈款（如減薪水
　　　太多，則贈款亦須減少）。
　　四、君須聽從不佞之意見，不可違背。不佞並無他意，
　　　但願君按部就班用功，無太過不及。注意衛生，
　　　俾可學成有獲，不致半途中止也……

　　李叔同資助劉質平繼續留學，並未因他1918年決意出家
而置之不顧。他估計至劉質平畢業還需日金千餘元，就準備
借款。他說：「余雖修道念切，然決不忍置君事度外。此款倘
可借到，余再入山；如不能借到，余仍就職至君畢業時止。
君以後安心求學，勿再過慮。至要至要！」

　　李叔同對學生，確如慈父，難怪劉質平自己說：「先師與
余，名為師生，情深父子。」當然，劉質平也「不忍以己求學
之故，遲師修道之期」，他不顧學業未了，於1918年初夏返國，
在李叔同入山之前和豐子愷一起跟老師拍了一張告別照。

　　對於劉質平在李叔同的教誨下成長，浙江省立第一師範
學校校長經亨頤是最好的見證人，他說：劉質平「習於斯五
年，音樂具夙睿，上人盡授之。今以斯立於世，上人之賜也。」

　　此後，劉質平與老師一直保持著密切的關係。弘一大師
生前將大量的書法作品贈送給劉質平，據劉質平自己統計，
這批墨寶中，計有屏條十堂、中堂十軸、對聯三十幅、橫批
三條、尺頁一百九十八張。弘一大師在浙江鎮海伏龍寺時，
劉質平曾前後侍奉一個多月。他每天起早，把硯池用清水洗

淨，輕輕磨墨兩小時，備足一天所需的新鮮墨汁。當他要辭別弘一大師時，弘一對他說：「我自入山以來，承你供養，從不間斷，我知你教書以來，沒有積蓄，這批字件，將來信佛居士中，必有有緣人出資收藏，你亦可將此款作養老及子女留學費用。」

　　劉質平收下了這批墨寶，心裡自是無限歡喜，但他並不想把大師的書法藏作己有。他決定，在他自己的有生之年，盡量舉行書展，把這些書法真跡與研究者們多見幾次面，並擬用結緣字款，留作印刷費用，如此則將由國家保存真跡，人們又可以得到印刷本。然而未待劉質平的如意算盤打穩，日軍即已攻入浙江。為了保存弘一大師的墨寶，他歷經艱辛，甚至將生命也置之度外。在此記述兩則往事，相信讀者可窺其一斑。

　　抗戰爆發以後，劉質平與朋友結伴避寇。由於臨行倉促，他除了攜上大師的書法外，其他的常用物品幾乎一件未帶。到了天寒地凍之日，他身無禦寒衣，吃無隔夜糧。於是受盡了旁人的譏笑。有人對他說：「哪有逃難不多帶衣被，不多拿值錢東西，現在天冷了，何不把字來穿，肚飢了，何不把字來吃！學藝術的人，愚蠢到如此地步，可笑之至。」

　　又有一次，劉質平在逃難途中忽遇大雨。為了保全大師的墨寶，他只得解開衣服，把身體伏在存放書法的箱子上。這場大雨足足下了半個小時，最後雨停了，字也保住了，但劉質平本人卻得了嚴重的痢疾，幾乎一命嗚呼，以致劉質平

所在的校方已代他準備了後事。他最終當然是被救生還，但
他這種捨命護墨寶的行為也被傳為佳話。

李叔同將出家時著僧裝與
兩位大弟子劉質平（左）、
豐子愷（右）合影。

風月山水皆清涼

清涼月，月到天心光明殊皎潔。

清涼風，涼風解慍暑氣已無蹤。

清涼水，清水一渠滌蕩諸污穢。

　　度過了1930年的春節，弘一大師於正月半來到了泉州承天寺。承天寺始建於南唐時代，號稱「閩南甲剎」。那個時候，性願老法師正在承天寺創辦月臺佛學研究社。研究社裡的景象很好，可謂人才濟濟。尤其是研究社剛成立的幾個月裡，常住的經懺很少，可以每天有時間上課，因此成績甚佳。大師在承天寺裡主要做了兩件事，一是上寫字課，講授寫字的方法；二是整理古版佛經，而且還編成了目錄。到了春末，他準備回浙江，臨行前，他手書一書贈給閩南名宿會泉長老，聯曰：「會心當處即是；泉水在山清涼。」

　　大師又到了白馬湖畔的「晚晴山房」。早在1920年，大師曾經得到過日本古版《行事鈔記》，但他那個時候還沒有主攻南山律宗，所以沒有詳細研究。這《行事鈔記》是唐代道宣律師所撰《四分律刪繁補闕行事鈔記》的簡稱，與《四分律含注戒本疏》、《四分律刪補隨機羯疏》並為南山三大部，皆律學之要義。這時弘一大師又得到一部天津新版，而他自己也已經研究南山律宗，這就在「晚晴山房」裡對新版做起詳細圈點，改正訛誤的工作。

　　夏丏尊知道弘一大師又來到了白馬湖，所以特意從上海趕來。正巧，此時經亨頤先生也在白馬湖，他們三位老友又可以在月白風清的白馬湖再度敘舊了。農曆五月十四日，正是夏丏尊四十五歲的生日。這天，夏丏尊約了經亨頤和弘一大師到自己的家——「平屋」來聚會。

　　紀念了夏丏尊的生日，弘一大師要到寧波白衣寺去。正

好夏丏尊也要到寧波辦事，他們便相約在寧波再相會。

在寧波，弘一大師住在白衣寺，夏丏尊住甬江旅社。夏丏尊在旅社裡,意外的遇見了當年在浙一師裡的同事錢均夫。

錢均夫是吳越錢肅王的後代，浙江杭州人。他早年在日本留學，回國後曾在教育部供職，後又任教於浙一師。這時的錢均夫，已經皈依了諦閒法師，法名顯念，人稱顯念居士。老友相見，二人都十分高興。夏丏尊告訴他，弘一大師也在寧波，正住在白衣寺，問他是否要去相見。錢均夫一聽弘一大師也在寧波，迫不及待地就要夏丏尊第二天帶他去見。第二天早晨，夏丏尊帶著錢均夫來到了白衣寺。

「噢，是均夫吧?」大師一眼就認出了他。可錢均夫見了大師，倒是十分驚異。十多年不見了，眼前的這位昔日風度翩翩的李叔同，儼然像一位天師，他一身袈裟，光腳穿著草鞋，站在那裡宛如鶴立。

「均夫，我已聽說你皈依三寶了，走入光明之路，很好，很好。」大師接著又告訴他:「現在你來這裡，正好趕上兩件事: 一是諦閒法師正在觀宗寺講經，你是諦老的弟子，應該抽時間去聽聽; 二是應該到天寧寺參謁由滇省來遊的虛雲老法師。虛雲老法師入定可以到二十一天之久，這是目前海內所不易遇見到的。」

大師的建議，錢均夫都照辦了。而在另一方面，此時白衣寺主安心頭陀也以為虛雲、弘一二大師同時在寧波的機會難得，於是他就在寺中設齋供養，歡迎虛雲大師來寺裡指導，

並安排他和弘一大師合影紀念。參加合影的人除二位大師外，尚有文質、安心頭陀、黃寄慈等。照片上的題記曰：「寧波白衣寺歡迎虛雲老和尚暨弘一法師攝影，以誌紀念，時在庚午仲夏。」

弘一大師在寧波小住後又和夏丏尊一起回到了白馬湖。這時他在俗時的學生劉質平再次來到「晚晴山房」。有一天晚飯後，夏丏尊和劉質平都歎息當今作歌者難得，一任靡靡之音的俗曲流行。長此下去，一代青少年學子將要振不起精神了。

「大師出家太早了，要是再晚幾年，還可以多作一些學堂樂歌。」劉質平歎道。

弘一大師聽了這話也有些惆悵，但是出乎意料的是，他居然說：

「為了下一代著想，我願再作！」

夏丏尊和劉質平聽後都欣喜萬分，情不自禁地就請求他盡早作歌。此後弘一大師果然寫成了「清涼歌」五首，這便是：

一、〈清涼〉

清涼月，月到天心光明殊皎潔。今唱清涼歌，心地光明一笑呵。

清涼風，涼風解慍暑氣已無蹤。今唱清涼歌，熱惱消除萬物和。

清涼水，清水一渠滌蕩諸汗穢。今唱清涼歌，身心無
垢樂如何。

清涼，清涼，無上究竟真常。

二、〈山色〉

近觀山色蒼然青，其色如藍。遠觀山色鬱然翠，如藍
成靛，山色非變。山色如故目力有長短，自近漸遠易
青為翠，自遠漸近易翠為青，時常更換。是由緣會幻
相現前，非唯翠幻而青亦幻。是幻，是幻，萬物皆然。

三、〈花香〉

庭中百合花開，晝有香，香淡如，入夜來，香乃烈。
鼻觀是一，何以晝夜濃淡有殊別？白晝眾喧動，紛紛
俗務繁。目視色，耳聽聲，鼻觀之力分於耳目喪其靈。
心清聞妙香。用志不分，乃凝於神，古訓好參詳。

四、〈世夢〉

卻來觀世間，猶如夢中事，人生自少而壯，自壯而老，
自老而死，俄如胞胎俄出胞胎，又入又出無窮已。出
不知來，死不知去，蒙蒙然、冥冥然，千生萬劫不自
知，非真夢歟，枕上片時春夢中，行盡江南數千里，
今貪名利，梯山航海，豈必枕上爾！莊生夢蝴蝶，孔
子夢周公，夢時固是夢，醒時何非夢？擴大劫來，一

時一刻皆夢中。破盡無明，大覺能仁，如是乃為夢醒漢，如是乃名無上尊。

五、〈觀心〉

世間學問義理淺，頭緒多，似易而反難，出世學問義理深，線索一，雖難而似易。線索為何，現前一念心性應尋覓。誠觀心性：在內歟？在外歟？在中間歟？過去歟？現在歟？或未來歟？長短方圓歟？赤白青黃歟？覓心了不可得，便悟自性真常，是應直下信入，未可錯下承當，試觀心性：內外、中間、過去、現在、未來、長短、方圓、赤白、青黃。

　　大師將五首「清涼歌」寫成之後，感到歌詞文義略顯深奧，非一般青年學生所能解。於是他決定請芝峰法師代撰歌詞的注釋：

芝峰法師慈鑒：
音因劉質平居士諄諄勸請，為撰《清涼歌集》第一輯。歌詞五首，附錄奉上，乞教正。歌詞文義深奧，非常人所能了解。須撰淺顯之注釋，詳解其義。音多病，精神衰頹，萬難執筆構思。且白話文字，亦非音之所長，擬奉懇座下慈愍，為音代撰歌詞注釋，至用感禱！
……

　　然後，弘一大師又在信中詳細述說了作歌詞的意圖和注釋的要求：「此歌為初中二以上乃至專科學生所用。彼等罕有素信佛法者，乞準此程度，用白話文撰極淺顯之注釋，並令此等學生閱之，可以一目瞭然。注釋中有不得已而用佛學專門名詞者，亦乞再以小注解之。注釋之法，以拙意懸擬，每首擬先釋題目，後釋歌詞。釋題目中，先述題目之大意，後釋題目之字義。釋歌詞中，先述全首歌詞之大意，次略為分科，後乃解歌詞之字義也。」

　　不久，芝峰法師的回信就來了，表示樂意代撰釋文。這樣，弘一大師就把歌詞又交給了劉質平及其學友分別作曲。劉質平等人在作曲時也十分認真，反覆推敲，每有設想，也都要徵得大師的意見後才決定。

　　劉質平等為歌曲推敲、試奏之時，弘一大師也主動關心譜曲的進度，不斷去信詢問。此後在出版上又遇到了資金問題，大師又寫信提示道：「開明、世界（現蔡丏因任編輯事）及佛學書局，皆可印行，不需助印費。仁者僅任編訂校對之事，即可成就也。」經過幾番周折，《清涼歌集》終於在1936年10月由開明書店出版。

　　弘一大師在作「清涼歌」的時候，身體狀況十分不好。他對蔡冠洛居士說過：「予今春病瘥，熱如火焚，虔誦《行願品偈讚》，略無間斷，遂覺清涼。」

　　大師即是在這種境況下完成了「清涼歌」，真可謂：清涼，清涼，無上究竟真常。

智慧之燈

此間有馬處士一浮，
其人無書不讀，
不慧曾兩次相見，
談論娓娓，
令人忘機也。

　　弘一大師在白馬湖時投入了很大的精力從事研究律學，而就大師研究律學而言，其實最早緣於馬一浮的指點。為此有必要在這裡就弘一大師與馬一浮的交遊情況作一個介紹。

　　李叔同出家之前，他沒有忘記去拜訪一個人。這個人就是當時隱居在杭州一條陋巷裡的國學大師馬一浮。

弘一大師與在家時好友合影，右一為馬一浮先生。

　　李叔同認識馬一浮當是在1902年至1903年之間。當時李叔同正在上海南洋公學就讀，受業於蔡元培，而馬一浮此時亦在上海遊學。有關他倆當時的交往情況，現在很少有資料可考。有人曾提到李叔同與馬一浮在上海曾共同發起成立「天馬會」，但馬一浮自己卻聲明沒有此事：「溯不佞與法師相識於滬上，在壬寅、癸卯間（1902-1903年），其後十餘年未嘗

得見。直至民國初法師在杭州第一師範學校任教時，始復相過從，訖於出家受具。此數年間，時接談論。前有『天馬會』之設，不侫初未聞。」由此可見，在1902至1903年的時候，他倆只是初交。然而現在不同了，他倆同在杭州，交往的機會自然增多，尤其是李叔同在杭州虎跑實行斷食修練後，對佛教的興趣日增，自然會更加親近這位深居簡出的國學大師。

說起來李叔同還年長馬一浮三歲，但在佛學方面，他一直把馬一浮視作良師。這種情況跟蘇曼殊頗為相似。蘇曼殊在1916年12月25日覆劉半農的信中說過：「此間有馬處士一浮，其人無書不讀，不慧曾兩次相見，談論娓娓，令人忘機也。」李叔同也對他的學生豐子愷說過：「馬先生是生而知之的。假定有一個人，生出來就讀書；而且每天讀兩本（他用食指和拇指略示書之厚薄），而且讀了就會背誦，讀到馬先生的年紀，所讀的還不及馬先生之多。」

有關李叔同斷食以後跟馬一浮談佛論道的情況，豐子愷在〈陋巷〉一文中有形象的記述。豐子愷在文章中這樣寫道：

第一次我到這陋巷裡，是將近二十年的事。那時我只十七、八歲，正在杭州的師範學校裡讀書。我的藝術科教師L先生（L即指李叔同──引者注）似乎嫌藝術的力道薄弱，過不來他的精神生活的癮，把圖畫音樂的書籍用具送給我們，自己到山裡去斷了十七天的食，回來又研究佛法，預備出家了。在出家前的某日，他

帶我到這陋巷裡去訪問M先生（M即指馬一浮——引者注）。我跟著L先生走進這陋巷中的一間老屋，就看見一位身材矮胖而滿面鬚髯的中年男子從裡面走出來應接我們。我被介紹，向這位先生一鞠躬，就坐在一隻椅子上聽他們的談話。我其實全然聽不懂他們的話，只是斷片的聽到什麼「楞嚴」、「圓覺」等名詞，又有一個英語"Philosophy"（即哲學——引者注）出現在他們的談話中。

豐子愷不愧是一位文章高手，他對馬一浮的描寫十分傳神：「他的頭圓而大，腦部特別豐隆，假如身體不是這樣矮胖，一定負載不起。他的眼不像L先生的眼地纖細，圓大而炯炯發光，上眼簾彎成一條堅致有力的弧線，切著下面的深黑的瞳子。他的鬚髯從左耳根緣著臉孔一直掛到右耳根，顏色與眼瞳一樣深黑。」

當然，李叔同與馬一浮的交談也並不是全談佛學的。他倆都是書法大師，彼此也有關於書藝的交流，甚至還都愛好古琴。馬一浮後來的女弟子袁卓爾在〈一代儒宗，高山仰止〉一文中提到：「據說太先生有時還為他們（指馬一浮的外甥、外甥女——引者注）撫弄七絃琴（太先生精通音律，他室內牆上掛著一張琴，卻很少有人有幸聽他彈琴）。」看來馬一浮是不常彈琴的，但他卻與李叔同有過這方面的交流。例如馬一浮於1917年寫給李叔同的信中說道：「壁上琴弊，向者足下

欲取而彈之，因命工修理，久之始就。曾告徐君，便欲遣賫往。未辱其答，恐左右或如金陵。比還杭州，願以暇日，枉過草庵，安絃審理，或猶可備君子之御耳。」當時李叔同兼任南京高等師範教職，此信估計是寫往南京的。李叔同擅長西洋樂器，但從此信中可知，他也懂得古琴。

相比較而言，李叔同與馬一浮之間的交往，更多的還在於佛學方面。他從馬一浮那裡請了不少經書回去閱讀，並從1917年下半年起發心食素，又在他自己的房間裡供起佛像來，屋內終日青煙裊裊。李叔同對虎跑已經有了感情，年終放年假的時候他又不回上海，再次赴虎跑過年。他住在方丈樓的樓下，只覺得趣味無窮。

馬一浮有一位名叫彭遜之的朋友。此人先是與馬一浮一起研究《易經》，兩人一度頗合得來。此時，彭遜之請馬一浮介紹一處清靜的寓所。因聽李叔同說起過，馬一浮就陪彭遜之到了虎跑。經介紹，彭遜之就跟李叔同住到了一起。可未過幾天，也就是正月初八日，這位彭遜之忽然起心，當即出家了。此情此景，使李叔同深受感動。他原以為自己從佛的信念已夠堅定的了，沒想到這世界上還有像彭遜之這樣即修即悟的人在。

然而，李叔同當時並不知道這位彭遜之所謂的「即修即悟」並不是因為崇拜佛教所致，而是他當時迷信命理，經推算，他認為必須出家方能免於憂患。馬一浮對他的這種舉動不以為然，曾對他說，研究佛法不必一定要出家。在彭遜之

出家後，馬一浮仍在給他的信中寫道：「承示新著天命說，並以相識講論見勉。公所謂道，雖非浮之所及知，而朋友之愛言之，可謂至篤矣。然以其不好公之道為罪，則不亦過乎。人之契理，各有所會。續鳧截鶴，未可強齊。公之諄諄以為言者，豈不以實見有生死可出，佛道可成乎？乃若浮，則無得無證，不見有生死可出，佛道可成，與公今日見處正別。若今執吝幻色而修，如公所示法門，此皆風力所轉，終成敗壞。公即所佛，浮亦甘處大闡提。豈不聞大集魔王臨危不變，雖翟曇不奈伊何。雖然如此，朋友之舊，決不因是而改。公雖盡力訶斥，浮亦決不謗公。願泯然平懷，勿存憤怒。此於公之道無損也。」可見，馬一浮與彭遜之的分歧相當嚴重，像這種因推算命理而出家為僧，馬一浮當然是反對的。

　　彭遜之出家，留下一妻二子，生活無著，馬一浮仍以朋友之道適時接濟，直至其子就業。後來，這位彭遜之又推算命理，自沉錢塘江底，幸被人救起。鑒於他無人照顧，又是馬一浮擔負起了護理之責。此後，彭遜之果然還俗。對於彭遜之後來的情況，李叔同應該是知道的，可當時卻被彭氏的「即修即悟」所刺激。彭氏出家後，李叔同也向住在方丈樓裡的弘詳法師提出拜師要求，雖未決定立即出家，但先做在家居士也是可以的。這位弘詳法師知道李叔同是一個很有名望的藝術家，一時不敢貿然答應。鑒於李叔同皈依心切，弘詳法師就請他在杭州松木場護國寺的師父了悟法師回虎跑寺來接應李叔同。於是李叔同就在1918年正月十五日這天拜了

悟法師行了皈依禮。取法名演音，號弘一，並於這一年夏天
正式出家為僧。

　　馬一浮顯然把李叔同看成是與彭遜之完全兩類的人物。
換句話說，馬一浮對彭遜之的出家是不屑一顧的，而對李叔
同的出家則是理解而敬重的。因為李叔同的出家是建立在信
仰的基礎之上，而彭遜之的出家是由於迷信所致。所以，當
馬一浮得知李叔同出家兩個月後要在靈隱寺受戒的消息後，
親自到靈隱寺去看望他，並向他贈送了明代蕅益大師《靈峰
毗尼事義集要》、清代見月律師《寶華傳戒正範》各一冊。關
於此事，弘一後來在《四分律比丘戒相表記》的自序裡寫道：
「余於戊午七月出家落髮，其年九月受比丘戒。馬一浮居士
貽以《靈峰毗尼事義集要》並《寶華傳戒正範》，披玩周環，
悲欣交集，因發學戒之願焉。」可知，從客觀上講，馬一浮為
弘一的學佛研佛起到了「指路人」的作用。

　　對於這樣的一位「指路人」，弘一是不會放過任何一個學
習的機會的。這從他以及他的道友的一些書信文章中都能透
露出若干信息。比如，范古農居士在〈述懷〉一文中寫道：
「一九一八年，師出家後，九、十月間來嘉興佛學會，居會
兩月，杭州海潮寺，請弘一禪師主七，馬一浮先生招之往，
遂行。」弘一在回到杭州後，也曾在給舊友許幻園的信中提到：
「在禾晤談為慰。馬一浮大師於是間講《起信論》，演音亦侍
末席，暫不他適。」

　　目前留存下來的馬一浮致弘一大師的信件有四通，其中

三封信是談論佛教的。在1939年弘一大師六十初度之時，馬
一浮有一首六言詩致賀：

> 世壽迅如朝露，臘高不涉春秋。
> 寶掌千年猶駐，趙州百歲能留。
> 偏界何曾相隔，時寒珍重調柔。
> 深入慈心三昧，紅蓮化盡戈矛。

　　馬一浮對弘一大師的書法有過準確的評價。他在為弘一
的學生劉質平題《華嚴集聯》跋中說：「大師書法，得力於《張
猛龍碑》。晚歲離塵，刊落鋒穎，乃一味恬靜，在書家當為逸
品。嘗謂華亭於書頗得禪悅，如讀王右丞詩。今觀大師書，
精嚴淨妙，乃似宣律文字……非具眼者，未足以知也。」弘一
大師也曾因自己的書法得到馬一浮的讚賞而引以為榮：「拙書
爾來，意在晉唐，無復六朝習氣。一浮甚讚許。」這便是兩位
大師的心交神會。

研律治律的天地

願從今日，

盡未來際，

誓捨身命，

擁護宏揚「南山律宗」……

　　二十世紀二十年代末三十年代初對弘一大師來說也是具有里程碑意義的幾年。

　　這些年，弘一大師在研究律學方面作了極大的努力。弘一大師弘揚律宗大約分兩個階段。如果說他當年接受馬一浮大士贈送的《靈峰毗尼事儀集要》和《寶華傳戒正範》而發心研律是前一個階段的話，那麼他在「晚晴山房」圈點《行事鈔記》，則是標誌著他的後一個階段的開始。

　　天津新版《行事鈔記》即是由天津刻經處徐蔚如居士所刻。在這之前，弘一大師側重《有部律》，後經徐蔚如居士建議，以為中國千年來秉承《南山》一律，今欲弘律，宜仍其舊，未可更張。大師聽了後覺得有道理，這便發願專學《南山律》。

　　弘一大師在《余宏律之因緣》一文中這樣介紹自己研究律學的經過：

　　　　庚申之春……是年閱藏，得見義淨所譯《有部律》及《南海寄歸內法傳》，深為讚歎，謂較「舊律」為善。故《四分律戒相表記》……屢引義淨之說，以糾正《南山》。其後自悟謗古德有所未可，遂塗抹之。……以後雖未敢謗毀《南山》，但於三大部仍未用心窮研，故即專習《有部律》，二年之中，編有《有部犯相摘記》一卷、《自行抄》一卷。……徐蔚如居士，創刻經處於天津，專刻「南山宗律書」……歷十餘年，乃漸完成。

徐居士其時聞余宗《有部》而輕《南山》，嘗規勸之，
以吾國千餘年來秉承《南山》一宗，今欲宏律，宜仍
其舊貫，未可更張，余於是有兼學《南山》之意。爾
後此意漸次增進，至辛未二月十五……乃於佛前發願，
棄捨《有部》，專學《南山》，隨力宏揚，以贖昔年輕
謗之罪。……昔佛滅後九百年，北天竺有無著、天親、
（彌勒）等兄弟三人，天親先學小乘而謗大乘，後聞
兄長無著示誨、懺悔執小之罪……於是遂造五百部大
乘論。余今亦爾，願盡力專學南山律宗，弘揚讚歎，
以贖往失。此余由「新律家」而變為「舊律家」之因
緣，亦即余發願弘《南山》之因緣也！

弘一大師開始圈點《行事鈔記》，可以說是他宗南山律的
起步。而到了1931年，他正式決定這樣走下去了。後來他曾
寫過〈圈點行事鈔記跋〉，記錄了這方面的若干消息：

剃然後二年庚申，請奉東瀛古版《行事鈔記》，未遑詳
研。甲子四月，供施江山。逮於庚午六月，居晚晴山
房，乃檢天津新版，詳閱圈點；並鈔寫科文，改正訛
誤。迄今三載，始獲首尾完竣。是三載中，所至之處，
常以供養奉持。辛未二月居法界寺，於佛前發願學南
山律誓願。是夏居五磊寺，自誓受菩薩戒；並發研律
誓願……

　　此外，人們目前可以從弘一大師在這些年寫給友朋的信件中知道他在這一時期的所作所為。

　　1929年將至白馬湖時，他在溫州給夏丏尊寫信，表示：「今夏，或遲至秋中，余決定來白馬湖正式嚴格閉關。詳情後達，先此略白。山房存米甚多，乞令他人先取食之。俟余至山房，再買新米。」

　　1930年弘一大師再次來到白馬湖時，為了專心研究律學，他在給夏丏尊的信中稱：「閉門用功之廣告，擬即日貼於門外……以後如有出家人在家人等，向尊處或子愷處，詢問余之消息，乞告以不晤客、不通信等。」

　　弘一大師研究南山律的另一重要場所是法界寺。法界寺也在上虞縣，離白馬湖不遠。他覺得此地「氣候與普陀相似。蚊蠅等甚稀，用功最為相宜。居此山中，與閉關無異也。」為此，他又對夏丏尊說：「以後出家在家諸師友，有詢問余之蹤跡者，乞告以雲遊他方，謝客用功，未能通訊及晤談云云。」

　　弘一大師如此閉關謝客，那麼他自己對於研究南山律又有何誓願呢？且看他的〈學南山律誓願文〉：

　　時維辛未年二月十五日，本師釋迦牟尼如來涅槃日。
　　弟子演音，敬於佛前發弘誓願，願從今日，盡未來際，
　　誓捨身命，擁護宏揚「南山律宗」，願以今生，盡此形
　　壽，悉心竭誠，熟讀窮研《南山疏鈔》，及《靈芝記》。
　　精進不退，誓求貫通，編述《表記》，流傳後代，冀以

上報三寶深恩，……速證無上正覺。……

現在大家都知道，弘一大師的誓願是實現了的，而且已被佛教界視為振興《南山律》的一代宗師。

1931年5月，白湖金仙寺主亦幻法師發起創辦「南山律學院」，請弘一大師前往弘律。這樣，弘一大師即於這一年初夏到了五磊寺。五磊寺位於浙東慈溪。大師到五磊寺，自然只是為了弘律。

五磊寺是慈溪的著名古剎，環境幽靜，是一個創建律學道場的好地方。

對此，白湖金仙寺住持亦幻法師早有此意。亦幻法師深知弘一大師之道德風範，覺得如今該是實現這一構想的時候了。他想辦一個「南山律學院」，請大師作主講，堅持數年，必有成果。若真能如此，這定是佛門之大幸了。

亦幻法師所在的金仙寺離五磊寺不遠，他本人與寺主棲蓮和尚也相熟，於是，他就把辦「南山律學院」的構想跟棲蓮和尚商量。

棲蓮和尚其實對辦律學院並無多大興趣，不過他想，若能藉此機會募得一筆款子，這倒也是不錯，更何況有弘一大師的名聲在。他對亦幻法師說：「辦律學院固然好，但經費是一個問題，何況將來越辦越大，必須要有充足的資金才能應付自如。」

亦幻法師說：「這是當然的，我想去上海一趟。」

「那就一起去吧，律學院要辦在五磊寺，當然要我出面！」棲蓮和尚知道這是個機會，正好可以出去募款。

他倆來到上海，正好遇上寧波白衣寺住持安心頭陀。安心頭陀聽說弘一大師要在五磊寺講律，立即表示捐獻四十張桌椅；他又替亦幻、棲蓮引見東北軍將領朱子橋居士，結果順利地獲取一千元銀幣。

棲蓮和尚攜款回寺，自是滿心歡喜。弘一大師亦以為開辦律學院即將成為現實。對於他來講，只要能夠弘揚《南山律》，就是自己的理想，那麼籌措資金，或者由誰來出任院長之職等事就讓棲蓮他去張羅就是了。

然而，棲蓮和尚的目的顯然不在辦學上，他見弘一大師對這次募來的款子也感到很欣慰，就進一步說：「只是，我們辦律學院，是一個長久的計畫，為了籌得更多的資金，我這裡印了一個『緣起』，我們這就可以發動江南各大叢林來一次大規模地募捐活動了……」

弘一大師在名利上一向看得很淡，你棲蓮和尚要設院長、副院長、教務主任甚至董事、副董事一類的名頭，這與他無關，但是辦學院的目的是弘律，而不是藉這個名義撈錢。棲蓮和尚的用心終於被弘一大師識破，遂一氣之下飄然離去。

這回大師是真的生氣了。他說：「我出家以來，對於佛教向來沒有做過什麼事情。這回使我能有弘律的因緣，心裡委實很歡喜的。不料第一次便受了這樣的打擊。一月未睡，精神上受了很大的不安，看經念佛，都是不能。照這樣的情形

看起來，恐非靜養一、二年不可。」

　　但是困難並不能使他後退，他又說了：「雖然，從今以後，我的一切都可以放下，而對於講律之事，當復益精進，盡形壽不退。」

　　確實，他在五磊寺講律未成，但仍撰了《南山律苑雜錄·徵辨學律義》八則，對近代傳戒不如法的情況，以問答體裁，辨明傳戒本義。大師的撰述，由以下兩則可見諸一斑：

　　問：「百丈清規，頗與戒律相似，今學律者，亦宜參閱否？」

　　答：「百丈於唐時編纂此書，其後屢經他人增刪，至元代改變尤多，本來面目，殆不可見。故蓮池、蕅益諸大師之說，今未及檢錄，唯錄蕅益大師之說如下文云：『正法滅壞，全由律學不明。百丈清規久失原作本意，並是元朝流俗僧官住持，杜撰增飾，文理不通。今人有奉行者，皆因未諳律學故也。』」

　　問：「今世傳戒，皆聚集數百人，並以一月為期，是佛制否？」

　　答：「佛世，凡受戒者，由剃法和尚為請九僧，即可授之，是一人別受也，此土唐代雖有多人共受戒者，亦止一、二十人耳。至於近代，唯欲熱鬧門庭，遂乃聚集多眾。故蕅益大師嘗斥之云：『隨時皆可入道，何須臘八及四月八？難緣方許三人，豈容多眾

至百千眾也。』至於受戒之時，不足半月即可受了，
何須多日。且近代一月聚集多眾者，只亦令受戒者，
助作水陸經懺及其他佛事等，終日忙迫，罕有餘暇。
受戒不須多日，所最要者，和尚於受前受後應負教
導之責任⋯⋯。」

　　弘一大師離開五磊寺後，就又到了白湖金仙寺。

　　9月，他接到廈門廣洽法師的來信，邀請他到閩南去。這
時候大師也念及在閩的諸位法侶，就決定由上海乘海輪南下。
可在上海的時候，大師的朋友們都覺得目前時局不定，日本
人的動作，大小都是有可能的，於是就再三勸阻他南下，不
如靜觀一些時日後再說。

　　大師赴閩不成，又回到寧波白衣寺去。再說五磊寺的那
位棲蓮和尚眼見得辦律學院的事被他自己搞糟了，他既收了
人家的錢，臉面上總要作得過去，「南山律學院」的招牌也總
要先掛起來才好，免得被人家說閒話。

　　棲蓮和尚知道弘一大師已到了寧波，就硬著頭皮再到白
衣寺去懇請大師回五磊寺去。其實大師心裡也老念著五磊寺
的，他雖然知道在那裡盡心辦學是不可能的了，但在良心上
說，至少應該讓學院享受到精神上的清白。

　　棲蓮和尚既然來了，來得正好，不如跟他面對面地把彼
此之間的意見說清楚。

　　他們交談後，棲蓮和尚根據雙方的意見整理出了一份「和

約」，並請亦幻、永睿兩法師作見證人。

他們的約定有十項：

一、於五磊寺團結僧伽，恭請弘一法師講毗尼，不立
律學院名目；

二、造出僧材之後，任彼等分方說法，建立道場，以
弘法為宗旨；

三、暫結律團，在法師講律期內，無有院長、院董名稱；

四、大約幾年可以造出講律僧材，隨法師自為斟酌；

五、倘法師告假出外者，任法師自由；

六、一旦造出講律僧材之後，任法師遠往他方，隨處
自在，並與律學院一切事務脫離關係，不聞不問；

七、凡在學期內一切大小事務，總任法師設法布置，
聽師指揮，無不承順；

八、凡在學期內，倘有與法師不如意之處，任法師隨
時自由辭職，決不挽留；

九、以上所定各條件，完全出於棲蓮本意，絕無法師
意見；倘以後於以上條件有一件不能遵守時，任
法師自由辭職，決不挽留；

十、聘請律師二人，擔保以上各條件，各不負約。

民國二十年十一月十九日五磊寺住持棲蓮

見證人亦幻、永睿

緣已盡了，立約又有何用？棲蓮要在眾人面前保住一點面子，大師成全他便是。他在五磊寺住了幾天後，即下山而去。

大約是為了彌補五磊寺講律未成的缺憾，弘一大師便在鎮北的龍山伏龍寺小住後，又至白湖。在那裡，他發心講律。

「亦幻法師，我這次在五磊寺講律未成，心裡總覺得歉疚，因而想在這裡開講。」大師這樣說。

亦幻法師聽後，欣喜得居然手舞足蹈起來。他以為機會難得，就召集了寺僧雪亮、良定、華雲、惠知、崇德、紀源、顯真等人在寺裡聽講半月。

大師講律是談話式的。

他把諸法師邀請至房中，大家散坐在椅子上，他自己則坐在牀沿上。

他先講律學傳至中國的盛衰派支狀況，再講他自己學律的經過。然後，大師提出問題來考核大家學律的志願：誰願學舊律（《南山律》）、誰願學新律（《一切有部律》）、誰願學新舊融貫通律？

結果有三人願學舊律，大師認為他們的根性可學《南山律》，就滿意地錄取他們為正式學生，其他人則作為旁聽。

其實有多少人願學舊律並不是重要的，重要的是，弘一大師作為現代研究《南山律》的一代高僧，他的行為、精神已感染了一些同道人。哪怕薪盡，亦能火傳。

有關弘一大師研律治律的因緣，具體地說，他由「新律家」轉為「舊律家」的因緣，這在前述中已有闡述。那麼，

弘一大師對《南山律》的理解，亦或稱大師的「南山律」思想和行持又是怎樣的呢？就其思想而論，大師在《南山律在家備覽略編》中說：「所云《南山律》者，唐道宣律師居『終南山』，後世稱其撰述曰《南山律》。《南山》以《法華》、《涅槃》諸義而釋通《四分》，貫攝兩乘（大、小乘），囊包三藏，遺編雜集，攢聚成宗。……」《南山律》融入大乘佛法思想，是一種中國式的律學思想體系。當弘一大師明瞭此意義之後，即知即行，這又直接導致了他在白馬湖畔於佛前發下大誓願。弘一大師早年是學貫中西的大藝術家大學者，出家後又一心研佛，他自己無論是著述還是行持無不表現著一種高僧的形象。

就弘一大師的總體佛學思想而論，他的佛學體系是以華嚴為境——體現了他研究佛法、探索佛境的品位，以《四分律》為行——形成了他佛學思想的特色，導歸淨土為果——表現出他把握教理的悟性。既以《四分律》為行，那麼他認為正法能否久住，全在於《四分律》能否實踐。故大師修持弘揚律學。為了修持弘揚律學，他自然就有了諸多的律學著作，諸如：《四分律比丘戒相表記》、《南山律在家備覽》、《含注戒本隨講別錄》、《刪補隨機羯磨疏略科》、《行事鈔略科》、《南山律苑雜錄》等等，這些都成了如今研究大師律學思想和研究律學的重要著作。

弘一大師畢竟是生活在二十世紀的中國，客觀的環境和當時佛教在中國的狀況使得大師在嚴格要求自己的同時也針

對客觀情形有過具體的見地。這種見地主要表現在所謂的「隨分量力受持」上面。對隨分受持的理解可以是：雖身處佛門風氣陵夷的末世，但佛教仍需要出家人嚴持戒律才得以復興。就當下的出家人或在家居士而言，只要有持戒之心，可隨分量力受持；出家人或居士受戒，不必貪多，須明瞭每一戒條的精神實質，能持幾戒便受幾戒；當下社會，雖難覓真正的比丘，但還是要努力持戒，盡最大的可能維護佛門道統，以自己的莊嚴行持擔負一個佛門之人的責任。至於弘一大師自己，他不但深入研究律學，而且實踐躬行。此誠如馬一浮所言：「苦行頭陀重，遺風藝術苑思。自知心是佛，常以戒為師。」

文化互交

他始終惦記著將來印出後該刻本的流通事宜。
他最終決定要把這部典籍的一部分送到日本去。
弘一大師將此收藏意向對夏丏尊說了，
於是夏丏尊想到了內山完造先生。

　　就在這一段時期，又有了一段弘一大師與日本書商內山完造交往故事以致促成了一段中日佛教文化交流的善事。

　　1929年弘一大師到白馬湖之前曾從廈門取道泉州赴溫州。在他途經福州時，在鼓山湧泉寺藏經樓意外發現清初道霈禪師所著《華嚴經疏論纂要》刻本，歎為近代所稀見。由於此刻本十分珍貴，弘一大師發願倡印二十五部，以作流傳。弘一大師把印行《華嚴經疏論纂要》的事委託給了蘇慧純居士辦理。白馬湖晚晴山房落成後，弘一大師去了白馬湖。他始終惦記著將來印出後該刻本的流通事宜。他最終決定要把這部典籍的一部分送到日本去。弘一大師將此收藏意向對夏丏尊說了，於是夏丏尊想到了內山完造先生。

協助弘一大師將佛經流通至日本的內山完造（右）與魯迅（左）在一起。

　　在中國現代史上，內山完造先生稱得上是中日文化交流的橋梁。弘一大師通過內山完造往日本寄送佛經，為的也是文化交流。一天，夏丏尊找到內山完造，對他說：「想介紹一個人和你相見，如果我有電話來，就請來一下。」

　　當時內山完造並不知道要見的人就是弘一大師，但既然是夏丏尊介紹的，料想總該見一見的吧。果然，不出數日，夏丏尊的電話來了，見面的地點是上海北京路上的功德林素菜館。

　　內山完造到達的時候，發現裡面已經有十來個人圍坐在一張長方形的桌子兩邊，除了夏丏尊外，其餘的也大多是在他書店時常出入的文化界人物。夏丏尊將弘一大師和內山完造彼此作了介紹，這時內山先生才知道眼前的這位清癯如鶴，語音如銀鈴的和尚就是弘一大師。

　　內山完造知道，這位大師在俗時曾留學日本，學西洋畫於東京美術學校，又在音樂學校裡學鋼琴。在留學時，他的生活像是一個真正的日本人：早浴、和服、長火缽，諸如此類的江戶趣味也曾地道的嘗過。他還聽說，大師曾是中國戲劇革命先驅春柳社的主幹，在東京公演過《茶花女遺事》等劇目。他的油畫水平是一流的，直到今天，其造詣也尚無出他之右者。留學回國後，他在杭州教書，後悟道出家，多年來行雲流水，一直是眾望所歸的人物。

　　內山完造用日本話跟弘一大師說話，弘一大師顯然一一都懂，只是他自己卻像是把它們都忘了似的。

素餐以後，他們彼此談了很多話。在夏丏尊拿出一本弘一大師所著的善本《四分律比丘戒相表記》後，大師對內山完造說：「還有一種叫《華嚴經疏論纂要》的書，正在印刷之中。這書只印二十五部，想把其中十二部送給日本方面，將來出書以後，也送到尊處，拜託你。」

內山完造又答應下來，他自己知道對於佛教是門外漢，但是聽到只印二十五部，便知這是相當巨大的書籍，而且二十五部中有半數要送給日本，那麼送到哪裡去呢？他向弘一大師請教，而弘一大師則是以一句「一切拜託你！」答之。又說：「在中國恐不能長久保存，不如送到日本去。」內山完造後來又了解到，這確是現存的經典中很珍貴的版本，就連日本的《大正藏》裡也沒有收進去。

幾天以後，夏丏尊送來了三十五部《四分律比丘戒相表記》，比原來說的多了五部。內山完造分別把它們寄贈到了東西京兩大學以及大谷、龍谷、大正、東洋、高野山等各大學的圖書館。不久，西京大學圖書館裡的一個僧籍司書寫信來，稱此書是貴重的文獻，希望能得到一部，於是內山完造又寄去一部。此後各方面求書之函不斷發來，內山完造先後寄出了一百七十餘部。

兩年以後的一天，內山完造的日本朋友高岩勘次郎領著一位日本畫家到書店裡來看他。這位畫家叫武井猗蘭子，在日本的一家俱樂部裡創有畫社，是一個由西洋畫轉向日本畫的人。交談中，內山完造就自然談起了也曾經是畫家的弘一

大師。奇緣就這麼發生了！沒想到這位武井先生恰是弘一大
師在東京美術學校時的同學。

「啊！記得的，記得的！那時有一個中國留學生和我鄰
席，大家描著同一個模特兒，您說的弘一大師一定就是他了！」

內山完造因了此緣，就把已經送到的十二部《華嚴經疏
論纂要》的分贈一事與他商量。武井回到東京後，就與田中
文求堂主人及寬永寺管長共同協議，替內山完造決定了贈送
範圍。他開來的名錄有：

> 東京帝國大學、京都帝國大學、大正大學、東洋大學、
> 大谷大學、龍谷大學、京都東福寺、黃檗山萬福寺、
> 比睿山延歷寺、高野大學、大和法隆寺、上野寬永寺、
> 京都妙心寺……

內山完造從名錄中選取了十二處，就把書用箱子裝妥後
乘友人往大阪之便，託帶至神戶，然後再由火車分別運走。
此後，京都東福寺又託內山完造的朋友來請。內山手頭無書
可供，只得寫信給弘一大師請經。弘一大師也樂意，於是又
託人從廈門南普陀寺送來了一部。不料，京都的妙釋寺也託
人來請，內山再次寫信給弘一大師。這時，弘一大師自己也
只有手頭圈點的一部了。但是，內山還是收到了天津的一位
居士寄來的一部，說是弘一大師委託代寄的。不久，內山又
收到弘一大師親自寄來的一部，信中說，此經實在是很珍貴

的，留在手頭恐不能永久保存，不如找一個適當的地方存放。內山完造收到書後，打開一看，裡面有弘一大師仔細地用朱筆所作的圈點，知道這是大師自己的一部了。這可謂是一部難得的紀念品，因為一時無人再來請，內山就暫時留了下來。

「九一八」事變後，內山完造暫時關閉了書店回到日本。西京郊外的小倉村是一個產茶的地方。有一天，內山散步到了黃檗山萬福寺。在掛有大木魚的接待處，他與一個值日師閒談。交談中，他無意講到了《華嚴經疏論纂要》。這和尚喜出望外，知道眼前的這個人正是代弘一大師贈書的內山完造先生，希望能得到此部書。內山也不把手頭最後的一部經書視為私有，表示回上海後願意把那部經弘一大師親自圈點過的經書送給寺裡。內山回上海後，所幸店中無恙。他就依約把書寄給了萬福寺。不久寺中有感謝信來，內山遂把所有感謝信集在一起轉寄給弘一大師。這段公案也算是有了一個了結。

就弘一大師與內山完造先生的交往而言，在以往幾乎所有有關弘一大師的傳記中，皆說弘一大師與日本書商內山完造的首次見面時間是1927年秋。此說緣於葉紹鈞（葉聖陶）〈兩法師〉一文。文中記述了弘一大師與一群舊友、學生在上海「功德林」素菜館吃飯時的情景。其中有如下四句話：

「這碟子是醬油吧？」
以為他要醬油，某君想把醬油碟子移到他面前。

「不，是這位日本的居士要。」

果然，這位日本人道了謝，弘一法師於無形中體會到
他的願欲。

以上引文中，提到了一位日本人。由於一起吃飯的人中
還有夏丏尊、豐子愷等常到內山書店去的幾位，所以此後研
究者們均把此人說成是內山完造。又由於葉紹鈞此文寫的是
發生在1927年秋的事，於是人們就把弘一大師與內山完造的
首次見面時間確定在這個時候了。

現在看來，此說是有疑問的。葉紹鈞其實也是經常到內
山書店去的人，他與內山先生亦不陌生。葉紹鈞文中提到了
許多熟人的名字，照理，如果此日本人是內山完造的話，他
也會說到他的名字。當然，這個理由不夠充分，這便要再用
內山完造〈弘一律師〉一文來辨正了。

〈弘一律師〉一文所述作者與弘一大師見面的地點也在
「功德林」素菜館，文中說：「一張長方形的桌子，兩邊並坐
著十來個人，右首有一個和尚和夏先生相向坐著，其他列席
的大半是在我書店中常進出的熟人，可謂是一個無拘束的集
合。夏先生將這位和尚向我介紹，我才知道他是弘一律師。」
可知，這是內山完造先生首次與弘一大師見面。那麼這是什
麼時間呢？文章中沒有直接提到，但是從下文中所記之事件，
可確定是在1929年。理由之一是內山完造在文章中說這次交
談中，大師說：「還有一種叫《華嚴經疏論纂要》的書，正在

印刷中。這書只印二十五部，想把十二部送給日本方面，將來出書以後，也送到尊處，拜託你。」《華嚴經疏論纂要》刻本是弘一大師於1929年春在福州鼓山湧泉寺發現，並倡印二十五部。內山完造在文中也說：「據說，律師曾在福州鼓山發現這古刻的板子。」可見，此事肯定發生在大師發現並倡印《華嚴經疏論纂要》之後。其次，內山完造文中又說，兩年以後，他陸續將弘一大師贈給日本的《華嚴經疏論纂要》寄出，並且不久即發生「九一八」事變。「九一八」事變發生在1931年，那麼兩年以前，則是1929年了。

目前有關學者對一些史料的認識尚有分歧意見。有一則史料似乎像是說明弘一大師與內山完造的見面是在1927年。比如在《弘一法師書信》（三聯書店1990年6月第一版）中，有一封弘一大師寫給夏丏尊的信。編者將此信定為1930年十二月二日所寫。此信的附言說：「三年前，往內山居士處，見其屋隅（即陳列佛書之處）有黃皮厚冊之《華嚴⋯⋯》（忘其名，為《華嚴概論》之類），現朽人甚思得此書。」如果此信確實是1930年寫的，那麼信中所謂的「三年前，往內山居士處」即是指1927年的事了。然而，弘一大師寫信所注月和日是農曆，也就是說，弘一大師寫此信時，已是西曆1931年了。故弘一大師所說「三年前」應是連同1931年在內的「三年」，即1929。再說弘一大師在同一信中又說：「此書版，舊藏福州鼓山，久無人知。朽人前年無意中見之。」弘一大師是於1929年春在福州鼓山發現佛書的，如果此信寫於1930年，他應該

說是「去年」才對。信中弘一大師說是「前年」，這說明弘一大師寫信時是以1931年為基準的。故弘一大師信中所說的「三年前，往內山居士處」定是連同1931年在內的虛指三年。

此外，弘一大師還跟內山完造通過幾次信，贈給他不少書法。其中一幅，還被魯迅先生從內山那裡「乞」走。魯迅在1931年3月1日的日記中記曰：「星期。晴。上午贈長尾景和君《彷徨》一本，午後往內山書店……從內山君乞得弘一上人書一紙。」魯迅居然也成了「乞」弘一大師書法的人了。值得注意的是，魯迅在此不用別的說法，而用了一個「乞」字，這起碼包含了兩層意義。其一，魯迅頗愛弘一大師的書法，否則用不著去「乞」；其二，魯迅很尊敬弘一大師。因為像魯迅這樣愛憎分明的人，若非所愛之人，其書法大可不必去「乞」的。

大智大悲

大悲大智，大雄力，
南無佛陀耶！
昭朗萬有，衽席群生，
功德莫能名。
今乃知，唯此是，真正皈依處。

　　太虛大師是中國現代著名的高僧，1890年1月8日生於浙
江海寧長安鎮。他早年師事天童寺寄禪大師和南京楊文會居
士，研究佛學頗有建樹。他辦有佛教刊物《海潮音》，1925年
曾率中國佛教代表團出席在東京召開的「東亞佛教大會」，並
考察日本佛教。1928至1929年間，他又歷遊越南、新加坡、
錫蘭、埃及、法國、英國、德國、美國、日本諸國，講演佛
教，廣結善緣，為中國僧人到歐美宣傳佛法之始。

　　弘一大師和太虛大師是中國現代四大高僧中的兩位。他
倆的交遊應是人們所特別關心的話題。

　　從現有資料來看，弘一大師對太虛大師是很尊重的。比
如在1927年，社會上發生了一次鋒頭不小的「滅佛事件」。時
值北伐初成，政局未定，「革命」二字甚是時髦，一些偏激的
青年意氣用事，高喊滅佛之議，甚至鼓吹毀廟驅僧，勒令還
俗。這種議論其實已在上海、南京一帶蔓延開來，印光、圓
瑛等高僧也已向當局交涉，而在杭州，能挺身而出的也只有
弘一大師了。弘一大師為保護佛教，他一方面召集一些熱血
青年座談對話，一方面寫信給地方黨政要員──一封流傳十
分之廣的致蔡元培、經亨頤、馬夷初、朱少卿的信。也就是
在這封信上，弘一大師既力陳保存佛教的理由，又建議在整
頓僧眾寺院委員會中應有二位佛教界的代表。而弘一大師提
出的代表正是太虛大師和弘傘法師(弘一大師之師兄)。他的
理由是：「此二人皆英年有為，膽識過人，前年曾往日本考察
一切，富於新思想，久負改革僧制之宏願」。

　　1929年弘一大師在白馬湖住了一些時日後先後去了溫州、廈門。12月，太虛大師在閩南佛學院講《瑜伽真實義品》，由學僧默如筆記，弘一大師親自逐日聽講。

　　1930、31兩年，弘一大師不定期的在白馬湖、白湖、慈溪、溫州等地小住。1931年秋天，弘一大師自金仙寺致函芝峰法師信時仍惦念著太虛，並十分謙虛地寫道：「末學近擬讀《大般若經》。曩承太虛大師諄諄慈訓，深為感荷。他日通信之時，乞代為問安。」

　　1932年，弘一大師再一次到廈門的時候，遇上了南普陀寺新任住持常惺法師上任典禮。典禮由太虛大師主持，特邀弘一大師參加。

　　典禮上，太虛大師致歡迎詞：

　　　　今天是南普陀、閩南佛學院，開會歡迎常惺法師和弘一法師的一天。因太虛此次任本寺本院職務第二屆將滿，……依民國十三年所定的選舉法，選舉新任住持。當時承大眾再三留任，但太虛絕不能再留任，故後來大家一致選常惺法師為本寺新住持。常惺法師從前在此住有很久時期，大概亦為多數人所知。……他對於佛教教育之提倡，其歷史有非常之遠，其為法為人的廣大心於現在僧伽中實難多得……

　　接著太虛大師又把話題一轉：

　　可是恰巧弘一律師亦到此間。弘一律師在中國僧伽中可說是持戒第一。其道德與品格為全國無論識者和不識者一致欽仰，為現代中國僧伽之模範者，這是我們表示不勝歡迎的。

　　這次歡迎會，弘一大師與南普陀寺眾僧合影留念，可以說是他從此定居閩南的一個絕好開端。

　　弘一大師和太虛大師曾合作過一首〈三寶歌〉。「三寶」指的是佛寶、法寶和僧寶。這是一首弘揚佛教的歌曲，由弘一大師作曲、太虛大師作詞。兩位佛門高僧合作寫歌，一直被後人傳為美談。

　　〈三寶歌〉又稱〈三皈依歌〉，太虛、弘一兩位受人景仰的高僧一個作詞，一個譜曲，實可謂珠聯璧合。

　　一般認為，〈三寶歌〉大約作於1930年初。當時，弘一大師剛從白馬湖轉到閩南不久，準備在福建南安小雪峰過年。這時，太虛大師也正好到那裡度歲。於是，應諸法師之請，

與弘一大師合作〈三寶歌〉的太虛大師。

他倆遂開始合作。〈三寶歌〉的歌詞是太虛大師寫的，歌詞如下：

　　人天長夜，宇宙黮暗，誰啟以光明？三界火宅，眾苦
煎迫，誰濟以安寧？大悲大智，大雄力，南無佛陀耶！
昭朗萬有，衽席群生，功德莫能名。今乃知，唯此是，
真正皈依處。盡形壽，獻身命，信受勤奉行！

　　二諦總持，三學增長，恢恢法界身；淨德既圓，染患
斯寂，蕩蕩涅槃城！眾緣性空唯識現，南無達摩耶！
理無不彰，蔽無不解，煥乎其大明。今乃知，唯此是，
真正皈依處。盡形壽，獻身命，信受勤奉行！

　　依淨律儀，成妙和合，靈山遺芳型；修行證果，弘法
利世，焰焰佛燈明。三乘聖賢何濟濟！南無僧伽耶！
統理大眾，一切無礙，住持正法城。今乃知，唯此是，
真正皈依處。盡形壽，獻身命，信受勤奉行！

　　三段歌詞，各有歸旨，莊嚴而神聖地再現了佛教徒皈依
時的寬宏心境和堅定意志。每段歌詞的結尾處再三強調的「今
乃知……信受勤奉行！」如同一個人生宣言，它就像是在向佛
教徒們宣告：大徹大悟、濟世利生的生命開始了。

　　此歌由弘一大師譜曲。弘一大師的曲共二十四個小節，
音調平和，節奏方整、徐緩，其大調式的旋律可以使人在詠
唱之時產生莊嚴崇敬的心情。歌曲結尾處是在高八度的主音
上完成終止的，但音調升高並非意味著感情衝動，而是內心

得到感化，從而嚮往皈依之情更為熾烈。這也是像兩位高僧大德對中國佛教的敬業和全身心投入的具體體現。

〈三寶歌〉一經創作，即成了當時泉州慈兒院兒童早晚禮佛時的贊歌，太虛大師還題贈一偈：

聖教照心，佛律嚴身，內外清淨，菩提之因。

後來，此歌又在《海潮音》等佛教刊物上發表，又由法尊法師譯成藏文。再經塵空法師為此歌撰寫了緣起和廣釋。如今，〈三寶歌〉已成了在佛教界內外廣泛傳唱的弘法歌曲。

弘一大師和太虛大師合作〈三寶歌〉，其合作的過程如何？是弘一大師先作曲，還是太虛大師先作詞？如今論者說法不一。臺灣西蓮淨苑的慧觀法師在撰寫〈弘一大師與「三寶歌」〉（見《弘一大師藝術論》一書，西泠印社出版社2000年10月版）一文的過程中也專門探索過，她在文中列出了兩種說法的例子，可作進一步研究的參考。這第一說見林子青《弘一大師新譜》和印順大師《太虛大師年譜》中的「1929年」條目，認為太虛大師先作詞，弘一大師後作曲。但是，以上兩部年譜中有關此事的闡述居然是相互引用。第二說見錢仁康《弘一大師歌曲集》和塵空法師《三寶歌廣釋》，二者均認為是弘一大師先作曲，太虛大師後作詞。

太虛大師對弘一大師的寫經有過非常高的評價。1926年，弘一大師在廬山寫過《華嚴經十回向品‧初回向章》寄蔡丏

因，囑其付印流通。弘一大師在寫給蔡丐因的信中說：「此經如石印時，乞敦囑石印局萬不可將原稿汙損，須格外留意，其簽條乞仁者書寫。」弘一大師為什麼會如此認真呢？他後來在給蔡丐因的信中是這樣說的：「昔為仁者所書《華嚴·初回向章》，應是此生最精工之作，其後無能為矣。」此絕非弘一大師自詡，太虛大師後來也作了評說，他認為此經寫本為「近數十年來僧人寫經之冠」。蔡丐因收到弘一大師的寫經稿後，以珂羅版精印分贈同好，可惜此經寫本的原稿今已不存。

結　語

　　弘一大師與白馬湖，這個話題的內涵其實是十分豐富的。如今探討它的意義既可以更透徹地理解白馬湖作家群的行為理念，又可以通過弘一大師在白馬湖的行跡了解大師在律學研究、行持方面的軌跡，還能從中體察到弘一大師的精神品質和人格力量。

　　通過追述和探討，人們首先可以了解到，中國現代文學史上聲名顯著的白馬湖作家群之所以會有如此誘人的風采，除了他們的作品、他們的為人、他們的理念外，其實還有一道精神的「背光」。這背光自然就是弘一大師。這一道「背光」是一種令人時時刻刻產生敬畏的人格力量——無論是有形的還是無形的，這種力量是活水的源泉，沒有它，白馬湖作家群這道人文風景線必將遜色。

　　弘一大師在白馬湖的生活為人們了解大師提供了生動的事例。破席子破毛巾白菜蘿蔔都是好東西，護生放生都是歡欣的快事；他的生活既是宗教的也是藝術的，同時也還是有禪趣的，就對往日摯友的友情而言，他是有感情的人，同時又能以佛教的觀念使之得到昇華。正是有了如此的品性，大師往昔的友生們才那樣的敬佩他、追隨他。「晚晴山房」——這一築於白馬湖畔的居舍在弘一大師一生中具有了重要意

義。上虞的白馬湖、法界寺是弘一大師宗南山律的起步之地，是他佛教生涯中具有里程碑意義的地方……

以上這一切，就是本書為什麼將焦點放在白馬湖的原因，也是本書具體記述的內容。

弘一大師是在中國近現代佛教史上一位偉大而又聲名顯赫的高僧，他是中國現代四大高僧之一（另三位是印光大師、太虛大師和虛雲大師）。弘一大師在佛教史上有這樣崇高的地位，自然是與他的人格、佛學貢獻等有關。就他在佛學上的貢獻而論，僅重振南山律一例就已足矣。此外人們也應看到，弘一大師的影響和地位還由於其人格精神的無上光輝。這種精神上的光輝閃爍在他日常生活的每一個細節裡——人們為這樣的細節感動不已——這其實也正是本書所要展現的。

此外還需要說明的是，如果從弘一大師李叔同平生活動地域的角度上來劃分其研究課題的話，我們可以將其劃分為天津、上海、東京、杭州、溫州、廈門、泉州等幾個不同的時期，而白馬湖時期亦可單獨劃出。當然，從嚴格意義上說，這種以人物活動地域來劃分時期的做法是不科學的。因為任何一個文化人作為一個整體，其平生的各個階段是密不可分的。其承前啟後、相互依存的關係不是簡單地用所謂的「時期」就可以說明問題的。弘一大師也一樣，沒有彼時期的「他」，就沒有此時期的「他」，這是顯而易見的道理。不過，為說明某些問題，突出某地對人物的影響或人物在某地區的作為，以致給某地區帶來的人文效應，繼而產生的人文景觀，那麼，

就人物在一定的時期於某一地域的行跡作一番研究，仍然會對該人物的研究提供許多啟示或助益。

　　本書討論研究的對象是弘一大師在浙江省上虞白馬湖時期的行跡。這一時期的情況與其他各時期相較有一個十分顯著的區別，即弘一大師在白馬湖實際居住的時間十分短暫，且在這期間，他頻繁往來於周邊各地，甚至往還於浙江、上海、福建之間。然而，有意味的是，弘一大師在白馬湖的時間雖短，但其為後人留下的話題卻是十分豐富。通過研究，人們可以發現，白馬湖像是一個「點」，以這個「點」為中心，弘一大師畫出了一個「圓」。這個「圓」的內涵豐富多彩，無論是在佛學上、文學上、人際關係上、禪理禪趣上都顯現出了一個真實而絢爛的人文世界。

　　本書主要圍繞白馬湖來敘述弘一大師的行跡和作為。誠如前述，這些行跡作為自然包含了「圓」中的內容。所以，只要是和弘一大師與白馬湖相關的事跡，也就都含括在裡面了。

附　錄：弘一大師白馬湖行腳簡表

1924年

秋，自溫州至白馬湖，旋赴紹興。

按：弘一大師在白馬湖行跡的詳細記載一般從1925年開始。有關大師於1924年曾
至白馬湖的史料見蔡丏因（蔡冠洛）〈廓爾亡言的弘一大師〉一文（見《弘一大
師全集》第十卷，福建人民出版社1993年2月第一版）。文中說：「至於我和弘
一法師見面，是在他初出家的一年，他將赴新登貝山掩關，⋯⋯大約是第三年吧，
我在紹興第五師範教書。弘一大師從白馬湖到紹興來，同事李鴻梁、孫選青是他
在杭州第一師範的學生，邀我一道到船埠去接他。」後李鴻梁在〈我的老師弘一
法師李叔同〉（見《弘一大師全集》第十卷）一文中就此次弘一大師紹興之行的
時間作了更正：「師蒞紹興，先後共計三次，第一次是在1924年秋天。按林子
青編《弘一大師年譜》中引蔡冠洛的〈廓爾亡言的弘一大師〉中說：『我和弘一
法師見面是在他將赴新登貝山掩關的一年（民國九年）⋯⋯大約是在第三年吧
（民國十二年），我在紹興第五師範教書⋯⋯』，這是不對的。因為十二年春我還
在廈門集美學校教書，在那年秋季，才應紹興五中、五師之聘，翌年秋，才兼長
縣女師職。所以法師第一次蒞紹是在民國十三年，這是不會錯的。並且我還記得，
師在若耶溪上讚美過紅葉，所以是在秋天無疑。」根據以上兩則史料，可初定弘
一大師於該年秋到過白馬湖。

1925年

　　春，自溫州至寧波，夏丏尊請弘一大師赴白馬湖「春社」小住。夏丏尊於〈子愷漫畫序〉記之。後赴溫州。

1929年

　　初夏，白馬湖「晚晴山房」落成。秋小住「晚晴山房」。農曆九月廿三日在白馬湖放生。旋赴溫州。

1930年

　　農曆四月自廈門至白馬湖，住「晚晴山房」。農曆五月赴寧波。農曆六月返白馬湖，住「晚晴山房」，後移居法界寺。秋，自法界寺至慈溪白湖。年底赴溫州。

　　按：法界寺位於上虞橫塘鎮廣豐村楊家溪畔，距白馬湖不遠，唐天寶二年 (743年)
　　　　建，初名利濟院，宋大中祥符年間改名法界寺，因鄰近白馬湖，故俗稱湖頂院。

1931年

　　農曆二月自溫州至白馬湖，住法界寺，於佛前發專學《南山律》誓願。旋赴慈溪白湖金仙寺。

1932年

　　農曆八月，自鎮海伏龍寺至白馬湖，住法界寺。秋至紹興。

「人類如何去信仰」與「人類信仰什麼」
是同樣重要的問題……

從「媽祖回娘家」的三牲五果，到伊斯蘭的齋月禁食；
從釋迦牟尼的菩提悟道，到耶穌基督的流血救贖；
多元的宗教是人類精神信仰的豐富展現，卻也是人類爭
戰不息的原因。
然而，真正的多元化是建立在社會群眾彼此寬容及相互
理解的基礎之上，
「宗教文庫」的企圖，
就是提供各種宗教的基本知識，以做為個人或群體認識
各個宗教的管道。
畢竟，「人類如何去信仰」與「人類信仰什麼」是同樣
重要的問題，
藉由這套叢書多樣的內容，
我們期望大眾能接觸多元的宗教知識，從而培養理性的
態度及正確的信仰。

頓悟之道——勝鬘經講記　　謝大寧／著

你不是去信一尊外在的佛
而是去信你自己的心

如果眾生皆有無明住地的煩惱，是否有殊勝的法門可以對治呢？本書以「真常唯心」系最重要的經典——《勝鬘經》來顯發大乘教義，剖析人間社會的結構性煩惱，並具體指出眾生皆有如來藏心；而唯有護持這顆清淨心，才能真正斷滅人世煩惱，頓悟解脫。

唯識思想入門　　橫山紘一／著　　許洋主／譯

從自己存在的根源除去污穢
而成為充滿安樂的新自己

疏離的時代，人類失去了自己本來的主體性，並正被異化、量化為巨大組織中的一小部分，而如果罹患了疏離感的現代人不做出主動且積極的努力，則永遠不得痊癒。唯識思想的歷史是向人類內心世界探究的歷史，而它的目的就在於：使人類既充滿污穢又異化的心，恢復清淨及正常的本質。

改變歷史的佛教高僧
于凌波／著

大法東來，經典流布
佛門龍象，延佛慧命

佛教的種子傳入中國之後，所以能在中國的土壤紮根生長，實在是因為佛門高僧輩出。他們藉由佛經的翻譯及法義的傳播來開拓佛法，使佛教蓬勃發展。當我們追懷魏晉南北朝時代的佛教及那個時代的高僧時，也盼古代佛門龍象那種旺盛的開拓精神可以再現，為佛法注入新的生命。

伊斯蘭教與中國社會
葛 壯／著

堅定信仰真主的力量
成為優越奮發的穆斯林

曾經有一個虔誠的穆斯林說：「如果我信仰真主，當然是我優越，如果我不信仰真主，這條狗就比我優越。」就因為穆斯林們的堅定信仰，使得阿拉伯的伊斯蘭文化不斷地在中國各地傳播，並與中國各朝代的商業、政治、文化及社會產生了密切的互動。且讓我們走進歷史的事蹟裡，一探穆斯林在中國社會中的信仰點滴。

從印度佛教到泰國佛教

宋立道／著

一尊獨一無二的翡翠玉佛
一段古老而深遠的佛教傳播

南傳佛教歷經兩千餘年的發展，堅定地在東南亞大陸站穩腳跟，成為當地傳統文化的主流，不僅支配人們的道德觀念、影響人們的生活情趣，更成為泰國政治意識型態的一部分。藉由玉佛的故事，且看一代聖教如何滲透到東南亞社會的政治、歷史與文化各方面，以及宗教在人類創造活動中的偉大作用。

印度教導論

摩訶提瓦／著　林煌洲／譯

若可實踐正確之身心鍛鍊
則真實之洞見將隨之而生

由正當的語言、思想及行為著手，積極地提升自己的內在精神，寬容並尊重各種多元的思想，進而使智慧開顯叡達，體悟真理的奧祕，這就是印度教。印度教強調以各種方法去經驗實在及實踐愛，而這正是本書力求把印度教介紹給世人的寫作動力。藉由詳盡的闡釋，本書已提供了一條通往永恆及良善生活方式的線索。

白馬湖畔話弘一　陳　星／著

一處清涼無染的白馬湖畔
一生魅力無窮的弘一大師

碧水瀲豔的白馬湖有著桃花源般的寧靜，它以超凡的秉性成為
千丈紅塵中的清涼世界；而弘一大師就像引起湖面漣漪的一股
清流，他與白馬湖作家群交錯成一幕魅力無窮的人文風景。本
書娓娓道出弘一大師在白馬湖居留期間的事跡，讓您沈浸在大
師的文心、藝術與佛緣裡。

圓通證道——印光的淨土啟化　陳劍鍠／著

啟化眾生正信
開闢人間希望淨土

佛教自清朝雍正皇帝以降，因未能防止無賴之徒剃度為僧，故
僧流猥雜，使得佛法面臨滅法的劫難。在這種逆流的環境下，
印光大師續佛慧命，啟化佛教信徒要能慎思明辨、確立正信；
他並提倡他力往生的淨土思想，建立求生西方極樂的堅定信
念，為人世間開闢了一片希望的淨土。

華嚴宗入門　劉貴傑／著

心能變現一切
修行即是修心

傳說印度龍樹菩薩承大乘行願，發心潛入龍宮的藏經閣讀經，後從龍宮攜出《華嚴經》下本，才得流傳世間。華嚴宗依《華嚴經》而立，以法界圓融無礙為宗旨，宣揚一心含攝無量，並直指唯有修心才能成佛。本書提契華嚴宗的基本概念及主要義理，讓你步入華麗莊嚴的佛法殿堂。

大乘佛教思想　上田義文／著　陳一標／譯

開演大乘佛教思想
耳聞佛法良善知識

大乘佛法的義理精闢艱深，諸如「色即是空」及「生死即涅槃」等看似矛盾的命題，更為一般人所無法清楚地理解；而如果我們不先將這些基本概念釐清，則勢必求法無門。本書以清晰的思路帶領大眾思考大乘佛教的基本概念，並對佛學研究方法提出指引，使佛法初學者與研究者皆能從中獲取助益。

國家圖書館出版品預行編目資料

白馬湖畔話弘一 / 陳星著. －－初版一刷. －－臺北
市；東大，民91
　　面；　　公分－－(宗教文庫)

ISBN 957-19-2699-X　　(平裝)

1.釋弘一－傳記

229.385　　　　　　　　　　　　　91006181

網路書店位址　http：//　www. sanmin. com. tw

© 　白馬湖畔話弘一

著作人　陳　星
發行人　劉仲文
著作財　東大圖書股份有限公司
產權人　臺北市復興北路三八六號
發行所　東大圖書股份有限公司
　　　　地址／臺北市復興北路三八六號
　　　　電話／二五〇〇六六〇〇
　　　　郵撥／〇一〇七一七五——〇號
印刷所　東大圖書股份有限公司
門市部　復北店／臺北市復興北路三八六號
　　　　重南店／臺北市重慶南路一段六十一號
初版一刷　中華民國九十一年五月
編　號　E 22066
基本定價　參　元
行政院新聞局登記證局版臺業字第〇一九七號

ISBN　957-19-2699-X　　(平裝)